EVA-MARIA BAST | HEIKE THISSEN

Lübecker
Geheimnisse

**50 SPANNENDE GESCHICHTEN AUS
DER HANSESTADT**

LN
Lübecker Nachrichten

Bast, Eva-Maria; Thissen, Heike
Lübecker Geheimnisse – 50 spannende Geschichten
aus der Hansestadt

LÜBECKER NACHRICHTEN in Kooperation mit:
Bast Medien GmbH, St. Ulrich-Str. 11, 88662 Überlingen
(verantwortlich)
3. Auflage 2021
ISBN: 978-3-946581-25-3

Copyright: Bast Medien GmbH
Ressortleitung: Heike Thissen
Lektorat: Lena Bast
Covergestaltung: Jarina Binnig, Cornelia Müller, Carina Regauer
Layout: Homebase – Kommunikation & Design, Jarina Binnig
Grafik: Maps4News & HERE (Karte)
Satz: Carina Regauer
Druck: Mohn Media Mohndruck GmbH, Gütersloh

Ein Titel aus der preisgekrönten Reihe „Geheimnisse der Heimat"

Inhalt

Vorwort

L übeck. Das klingt nach Backstein und Ostseeluft. Nach Buddenbrooks. Nach stolzen Hansekoggen und vollen Hafenspeichern. Nach Thomas Mann und Marzipantorte. Lübecks Charme lockt jedes Jahr mehr Gäste an die Trave. Hunderttausende besuchen die alte Hansestadt, streifen durch enge Altstadtgassen, bestaunen die Architektur der gewaltigen Kirchenbauten und schauen von St. Petri über die Dächer des Weltkulturerbes. Ein Großteil der Altstadt hat den Zweiten Weltkrieg unbeschadet überstanden. Es sind Straßen und Bauwerke aus dem Mittelalter, die für magische Momente sorgen. Lübeck hat sein Gesicht bewahrt. Und seine Geheimnisse.

Der Verfall in den Nachkriegsjahren war der größte Feind der historischen Substanz. Auch Lübeck zeugt in manchen Straßen von den Bausünden dieser Jahre. Überwiegend aber ist zwischen Kanal und Trave ein Stadtbild intakt geblieben, das schon vor Jahrhunderten Gäste faszinierte. Viele Baudenkmäler wurden mit Hilfe von Stiftungen liebevoll restauriert. Es bleibt eine Aufgabe für Generationen, dieses zu bewahren. Auch deshalb wird in Lübeck über Neubauten so leidenschaftlich und lange gestritten.

Lübecks sieben Türme: Es sind die großen Bauwerke, die vom Glanz der alten Hanse zeugen. St. Marien und der Dom. St. Petri, die Aegidien- und die Jakobikirche. Postkartenmotive, die wir alle kennen. Wer nachts im Schein der Gaslaternen die Engelsgrube hinauf zum

Koberg schlendert, bekommt eine Ahnung davon, wie es einmal war: Damals, als Lübeck die Königin der Hanse wurde.

Lübecks Gesichter: Es sind die Menschen, die diese Stadt liebenswert machen. Die Eisverkäuferin am Holstentor, der Straßenfeger vorm Rathaus, die freundliche Bedienung im Café. Die Lübecker sind stolz auf ihre Stadt, auch wenn sie nicht so viele Worte machen. Man muss sie schon fragen – der Norddeutsche ist von Natur aus nicht gerade redselig.

Über Lübeck aber reden sie gern. Und so stieß der Aufruf im Lokalteil der Lübecker Nachrichten nach den Geheimnissen der Stadt auf große Resonanz. Leserinnen und Leser brachten uns ihre Geheimnisse nahe. Es sind die kleinen Geschichten jenseits der imposanten Sehenswürdigkeiten. So erfahren wir, was ein eingemeißeltes „T" in einem Stein vor der Aegidienkirche bedeutet, warum eine Tierpfote auf einem Ziegelstein in der Engelsgrube zu finden ist und was es mit den Rosettenhaken am Kanzleigebäude auf sich hat.

Ich freue mich, dass die Lübecker Nachrichten als regionale Tageszeitung Kooperationspartner für diese preisgekrönte Buchreihe sind. Auf 192 Seiten haben die beiden Autorinnen Eva-Maria Bast und Heike Thissen die kleinen und großen Geheimnisse der Hansestadt zusammengetragen. Es lohnt sich für Gäste und Einheimische gleichermaßen, mit diesem Buch auf einen Spaziergang zu gehen und sich ein wenig treiben zu lassen. Denn in den engen Altstadtgassen und in den Gängevierteln sind auch heute noch jede Menge Geheimnisse versteckt. Viel Spaß beim Entdecken!

Herzlichst, Ihr

Gerald Goetsch
Chefredakteur Lübecker Nachrichten

Die Autorinnen

Eva-Maria Bast, Jahrgang 1978, arbeitet seit 1996 als Journalistin. 2011 gründete sie mit Heike Thissen das Redaktionsbüro „Büro Bast & Thissen", das 2013 in „Bast Medien" überging. Eva-Maria Bast initiierte und schreibt die Buchreihe „Geheimnisse der Heimat", die 2011 startete, rasch zu einem regionalen Bestseller wurde und die 2017 in 42 Bänden vorliegt. Sie wurde für ihre Arbeit mehrfach ausgezeichnet, unter anderem erhielt sie mit dem Südkurier für die „Geheimnisse" den Deutschen Lokaljournalistenpreis der Konrad-Adenauer-Stiftung in der Kategorie „Geschichte". 2012 begann Bast sich auch der Belletristik zu widmen. Neben zwei Krimis erschien auch ihre Mondjahre-Trilogie, eine zeitgeschichtliche Jahrhundert-Saga. Seit Juni 2015 ist sie Gastdozentin an der Hochschule der Medien Stuttgart. 2016 erweiterte Bast ihr Verlagsprogramm unter anderem um die „Women's History", das erste deutschsprachige Magazin über Frauen in der Geschichte. Eva-Maria Bast lebt mit ihrer Familie am Bodensee.

Heike Thissen, Jahrgang 1980, ist seit 1999 im Journalismus zuhause. Sie hat an der Universität Leipzig und der Universidad de Valencia Diplom-Journalistik und Amerikanistik studiert und bei der Tageszeitung Südkurier in Konstanz volontiert. Nach mehreren Jahren als Redakteurin beim Südkurier arbeitet sie seit 2010 als freie Journalistin für Zeitungen und Zeitschriften und als PR-Redakteurin für verschiedene Unternehmen. Seit 2011 geht sie von Konstanz aus regelmäßig zusammen mit Eva-Maria Bast auf Geheimnissuche in ganz Deutschland und ist bei Bast Medien Ressortleiterin der „Geheimnisse der Heimat".

01

Pfotenabdrücke

Glück und Schutz für den Hausbewohner

Wie süß! Hoch oben an der Backsteinmauer in der Engelsgrube kann man den Abdruck von Tierpfoten entdecken! Bernd Thurau, der mit großer Begeisterung in Lübecks Sträßchen und Gässchen unterwegs ist und immer wieder Neues entdeckt, weiß, was es damit auf sich hat. Besser gesagt: Er kennt alle drei Thesen, die es dazu gibt. „Die erste Variante ist, dass die Handwerker am Ende der Saison oder nach getaner Arbeit in den letzten Ziegel eine Tierpfote gedrückt haben, um quasi die Urlaubszeit oder eben den Feierabend einzuläuten." Diese These gilt als gesichert, schließlich sind auch kunstvoll verzierte sogenannte „Feierabendziegel" belegt, die so heißen, weil die Ziegler eben erst nach Feierabend Zeit hatten, sich den kunstvollen Tätigkeiten zu widmen. Analog zu den Steinmetzen, die immer wieder kleine, als „Steinmetzscherze" bezeichnete Reliefs in den Stein meißelten, hatten offenbar auch Ziegler das Bedürfnis, das Material, mit dem sie täglich arbeiten, künstlerisch zu gestalten. Die Saison der Ziegelherstellung dauerte übrigens exakt 33 Wochen, vom 23. März bis zum 11. November.

Eine zweite These besagt, dass die Steine vorgeformt, aber ungebrannt auf einem Brett in der Ziegelscheune lagen, um dort zu trocknen. Dort sollen dann immer wieder Tiere vorbeigekommen sein und so, wie sie auch ihre Spuren im Schnee hinterlassen, ihre Pfoten in den noch weichen Ziegel eingedrückt haben.

Die dritte These, die die anderen beiden nicht widerlegt, sondern ergänzt, gefällt dem Lübecker am besten: „Man spricht ja auch immer von den magischen Kräften der Tiere. Und aus den Ziegelsteinen werden schließlich Häuser gebaut. Ich vermute, dass man diese Steine absichtlich als Glücksbringer und als eine Art Abwehrzauber gegen Böses wie Pest, Feuer und Gefahr vermauerte." Das bestätigt Christiane Rossner in der Zeitschrift der Deutschen Stiftung Denkmalschutz „Monumente", in der sie erklärt, dass Tierpfotenabdrücke als Glücks-

Bernd Thurau weiß: Die Pfotenabdrücke oben rechts bringen Glück!

11

symbole galten, und auch, dass es spezielle Schutzziegel gab, die vornehmlich als Dachziegel verwendet wurden und die Aufgabe hatten, das Dach, das ja ohnehin eine schützende Funktion innehat, noch sicherer zu machen. Und zwar indem man auf den Ziegeln abwehrende Symbole anbrachte. So berichtet die Autorin zum Beispiel von einem Hahn als Schutz gegen Feuer. Außerdem habe es noch Inschriftenziegeln gegeben, bei denen es sich um regelrechte Dokumente gehandelt habe. „Es sind Notizen, Lohnberechnungen und Sprüche zu lesen", schreibt die Autorin, die auf einem Ziegel aus Oberndorf an der Nahe folgendes Zitat ausfindig gemacht hat: *wenn lieben eine Sünde währ, so währ sie nicht erschaffen, Friedrich Vollmer, Ziegler den 3. Juli 1833.*

Tierpfotenabdrücke im Ziegel – gut für den Hausbewohner.

Zählziegel haben der Abrechnung gedient: „Bis ins 19. Jahrhundert arbeiteten die Ziegler nur nach Auftrag und im Stücklohn", schreibt Christiane Rossner. „Damit war die Stückzahl der gestrichenen Ziegel maßgeblich, und entsprechende ,Zählziegel' wurden mit Zahlen, Buchstaben, Namenszügen oder Zeichnungen markiert." Auch hier gibt es wieder eine Parallele zu den Steinmetzen, die ihre Zeichen in die Steine schlugen und am Zahltag nach behauenem Stein entlohnt wurden.

Ob der Ziegler, der für den Ziegel mit der Tierpfote verantwortlich war, fair entlohnt wurde, ist nicht belegt. Wahrscheinlich ist das allemal. Vor allem deshalb, weil laut der dritten These das Pfötchen ja Glück bringt.

Eva-Maria Bast

So geht's zu den Pfotenabdrücken:

Die kleinen Tatzenabdrücke befinden sich an der Mauer neben dem Haus Nummer 6 im Bäckergang.

Stufe mit Inschrift

02

Verborgenes Relikt der Klosterkirche

Auf dem Platz vor dem ehemaligen Burgkloster, das inzwischen zum Europäischen Hansemuseum gehört, sind im Boden eigenartige Markierungen eingelassen. Sie erinnern an die Maria-Magdalenen-Kirche, die hier bis 1818 stand, und zeichnen die Positionen der Pfeiler und des Kreuzrippengewölbes der Basilika nach. Auch an der Außenfassade des Gebäudes verweisen zahlreiche Details darauf, dass hier einst ein Gotteshaus anschloss. So wird nicht vergessen, dass zum imposanten Burgkloster einst auch eine nicht minder imposante Kirche gehörte.

Doch der Lübecker Christoph Rode, der sich hervorragend in seiner Heimatstadt auskennt, weiß noch ein weiteres Relikt, das von dem Gotteshaus geblieben ist. „Als die Kirche 1818 abgebrochen wurde, bedienten sich die Menschen an den Steinen und verbauten sie anderswo in der Stadt", sagt er auf dem Weg vom Hansemuseum in die Engelsgrube

32. Dort geht er durch den Qualmanns Gang und bleibt gleich anschließend in dem idyllischen Hof stehen, der sich dahinter öffnet. Rode
deutet auf zwei steinerne Stufen zu seiner
Linken, die hinab zu einem Hauseingang
führen. „Wer genau hinsieht, erkennt auf der
unteren Stufe eine verwitterte Inschrift", sagt
er. Und tatsächlich! Auf dem mit dünnem
Moos bedeckten Stein sind Schriftzeichen zu
erkennen, die zwar nicht mehr lesbar, eindeutig aber als solche zu identifizieren sind.
„Das ist einer der Grabsteine aus der Maria-
Magdalenen-Kirche, der nach dem Abbruch
hier eingefügt wurde", erklärt der Stadtführer. Auf wessen Grab er einst stand und wie
er hier herkam, sei ein Geheimnis, das nicht
mehr zu lüften ist.

Christoph Rode sitzt auf der Treppe, in der ein Grabstein aus der Maria-Magdalenen-Kirche verbaut ist.

Dass das Gotteshaus, aus dem der Grabstein
stammt, nach Maria Magdalena, der Beglei-
terin Jesu, benannt war, hatte mit der Besatzung Lübecks durch die Dänen und dem
entscheidenden Sieg über den Feind in der
Schlacht bei Bornhöved zu tun. Seit 1203
hatte König Waldemar II. von Dänemark
(1170-1241) als Stadtherr die Geschicke der
Stadt Lübeck und weiter Teile des Ostsee-
raums gelenkt. Doch am 22. Juli 1227, dem
Maria-Magdalenen-Tag, gelang es der Trave-
stadt zusammen mit einer Koalition aus
norddeutschen Landesherren und anderen
Städten, die Dänen bei Bornhöved im heutigen Kreis Segeberg zu
besiegen und deren Hegemonialstellung zu beenden. Dabei spielte
auch das so genannte Marien-Mirakel eine Rolle: Die Heilige soll in
der Schlacht am Himmel erschienen sein und in Gestalt einer Wolke
die Sonnenstrahlen, die zuvor die Lübecker geblendet hatten, so umge-
lenkt haben, dass sie fortan die Feinde blendeten und der norddeutschen Koalition den Sieg bescherten. Die Stadt an der Trave war frei!

„Daraufhin gelobten ihre Einwohner, zu Ehren Maria Magdalenas genau an der Stelle, von der aus die Dänen die Stadt regiert hatten, ein Kloster mit entsprechender Kirche zu errichten", schließt Christoph Rode den Kreis zur Kirche. Bereits zwei Jahre später konnten die ersten Dominikanermönche einziehen, doch das Gotteshaus brannte noch während der Bauarbeiten beim Stadtbrand 1276 weitgehend ab, sodass es erst danach in seiner Größe von 65 Metern Länge und 18 Metern Breite fertig erbaut und am 3. Mai 1319 geweiht werden konnte. In den

„Als die Kirche 1818 abgebrochen wurde, bedienten sich die Menschen an den Steinen und verbauten sie anderswo in der Stadt."

Anfangsjahren bestand die Kirche aus einer dreischiffigen Basilika mit einem siebenjochigen Langhaus, wurde aber in den kommenden Jahrzehnten und Jahrhunderten immer wieder umgebaut.

„Doch anscheinend handelte es sich bei der Burgkirche um eine Fehlkonstruktion", bedauert Rode. Immer wieder stürzten Teile ein, zuletzt am 13. März 1818, als ein Langhauspfeiler samt seinem Gewölbe und einem Teil der Außenmauer in sich zusammenbrach. Der Abbruch des für Lübeck einmaligen frühgotischen Kirchenbaus wurde beschlossen. Zeichnungen aus dem 19. Jahrhundert, die kurz vor dem Abbruch entstanden, zeigen das Gotteshaus mit Stufengiebel und reichem Fassadenschmuck. Nicht alles von der Kirche ist dem Abbruch zum Opfer gefallen. Im St.-Annen-Museum sind von der reichen Ausstattung noch einige Altäre und Bilder zu sehen. Und den Grabstein gibt es noch, der heute einen ganz anderen Zweck erfüllt als seinen ursprünglichen. Aber nach wie vor hält er die Erinnerung aufrecht – zwar nicht mehr die an einen einzelnen Menschen, aber die an eine ganze Kirche.

Heike Thissen

So geht's zur Stufe mit Inschrift:

Die Stufe, in der ein Grabstein aus der Klosterkirche verbaut ist, befindet sich in der Engelsgrube 32 links hinter dem Durchgang.

Auf diesem Altar findet sich ein verblüffendes Detail.

03

Sonnenbrille
Dunkles Silber statt Smaragden

D as ist aber mal ein cooler Heiliger! Oder warum sonst sollte ein Apostel auf einem Altar in der Marienkirche eine Sonnenbrille tragen? Allzu hell ist es in dem Gotteshaus schließlich nicht. Axel Schattschneider weiß es – und die Lösung des Rätsels ist ganz einfach: „Die Brille war früher silbern, wie man sich das ja bei spiegelnden Gläsern vorstellt", sagt er. „Im Laufe der Jahrhunderte ist das Silber einfach nur dunkel angelaufen, sodass es jetzt aussieht, als trage der Heilige eine Sonnenbrille. Dabei ist ihm die Brille einst als Zeichen der Weisheit aufgesetzt worden."

Die Brille hielt ab der Mitte des 14. Jahrhunderts Einzug in die Kunstgeschichte. „Man wollte damit tatsächlich zum Ausdruck bringen, dass jemand besonders gebildet oder weise, also schriftkundig ist", sagt der Lübecker. Wie lange es Brillen schon gibt, gilt als umstritten. Manche Quellen behaupten, dass schon der griechische Mathematiker Archimedes (gest. 212 v. Chr.) einen Kristall getragen habe, der seine Sehfähigkeit verstärkte, und der römische Philosoph Seneca der Jüngere (1-65 n. Chr.) stellte fest: „Kleine und undeutliche Buchstaben erscheinen schärfer und größer, wenn man sie durch eine mit Wasser gefüllte Kugel betrachtet." Etwa 1000 n. Chr. schrieb der arabische Mathematiker Abu Ali al-Hasan ibn al Haitham, auf Latein auch Alhazen genannt (um 965–1039/1040), das Buch *Schatz der Optik*, in dem er feststellte, dass ein Gegenstand größer wirkt, wenn man ihn durch eine gläserne Kugel ansieht.

> „*Im Laufe der Jahrhunderte ist das Silber einfach nur dunkel angelaufen, sodass es jetzt aussieht, als trage der Heilige eine Sonnenbrille. Dabei ist ihm diese einst als Zeichen der Weisheit aufgesetzt worden.*"

„Es dauerte aber noch 250 Jahre, bis das Buch ins Lateinische übersetzt wurde, erst dann hatte es Auswirkungen", sagt Schattschneider. „Denn Alhazen hatte zwar diese Erkenntnis, hat sie aber selbst nicht genutzt." Übersetzt worden sei das Buch von Franziskanermönchen „und es waren wohl auch Mönche, die den sogenannten Lesestein aus Bergkristall herstellten". Lesegläser oder Lesesteine waren Halbkugeln aus Glas oder Edelsteinen, die man wie eine Lupe auf die Schrift legte und diese dadurch vergrößerte. Urkundlich erwähnt wird die Brille 1305 durch den Dominikaner Giordano da Rivalto, der erklärt, dass der Dominikaner Alessandro della Spina um 1285 Brillengläser geschliffen habe.

Doch wer hat die Brille denn nun eigentlich erfunden? Würden wir uns Anfang des 20. Jahrhunderts bewegen, würden wir wohl erklären, dass Salvino degli Armati derjenige welcher war. Davon zumindest ging man in den Jahren 1684 bis 1920 aus. „Doch beim Erfinder der Brille handelt es sich selbst um eine Erfindung", freut sich Axel Schattschneider über das Detail. „Der Florentiner Publizist Leopoldo del Migliore hat den Mann frei erfunden. Wer die Brille wirklich entdeckt hat, ist bis heute nicht sicher", sagt der Gästeführer, „es war wohl wie bei so vielem einfach eine Weiterentwicklung." Als wahrscheinlich gilt jedoch, dass die ersten Brillenträger italienische Mönche und Nonnen waren. Die ältesten noch erhaltenen Brillen fand man 1953 im ehemaligen Zisterzienserinnenkloster im niedersächsischen Wienhausen, sie stammen aus der Mitte des 14. Jahrhunderts.

Nicht nur – wie in Lübeck – in der Kunst, auch in der Literatur fand die Brille große Beachtung. Julia Ricker schreibt in einem Aufsatz im „Magazin für Denkmalkultur in Deutschland, Monumente": „Es waren wohl die faszinierenden Eigenschaften der durchsichtigen Steine, für die Zeitgenossen ganz neu und noch wenig bekannt, die sie zum Thema der mittelhochdeutschen Dichtung avancieren ließen." Ricker nennt einige Beispiele: „Im ‚Jüngeren Titurel' Albrechts von Scharfenberg ist das Herz so klar und rein wie ein Beryll. Wie dieser die Schrift vergrößere, so heißt es in dem Epos aus der Zeit um 1270, habe es die Eigen-

Ungewöhnlich: ein Heiliger mit Sonnenbrille!

schaft, die Tugenden wachsen zu lassen." Zur Erklärung: Die Bezeichnung „Brille" ist vom spätmittelhochdeutschen Wort *berille* abgeleitet, das auf den Halbedelstein Beryll zurückgeht. Und für den Philosophen Nikolaus Cusanus (1401-1464) sei die Brille „zur Grundlage für die Erkenntnisschau" geworden, erklärt Julia Ricker. In seiner Schrift *De beryllo* von 1458 schreibe er, dass derjenige, der durch den geschliffenen Beryll hindurchsehe, zuvor Unsichtbares berühre. Ricker zitiert: „Wenn den Augen der Vernunft ein vernunftgemäßer Beryll richtig angepasst wird, wird durch seine Vermittlung der unteilbare Ursprung von allem berührt." Wenn der Mensch die Wahrnehmung seiner Augen mit der Brille erweitere, „verändere er nicht nur seinen optischen Zugang zur Welt, sondern auch seine Haltung zu ihr", fasst die

Autorin die Gedanken des Universalgelehrten zusammen. „Denn bisher verborgene Dinge würden plötzlich sichtbar und erhielten einen tieferen Sinn." Diese Deutungsmöglichkeit, vermutet sie, habe wohl der altdeutsche Maler Friedrich Herlin (1430-1500) im Sinn gehabt, „als er dem Apostel Petrus in Rothenburg ob der Tauber eine Brille in die Hand gab".

Und damit sind wir wieder bei der Kunstgeschichte angelangt. Darstellungen von Brillen sind ganz und gar nicht selten, die älteste findet sich auf den Fresken im Kapitelsaal von San Nicolo in Treviso und ist 1352 durch den italienischen Maler Tommaso da Modena (um 1325-1368/1379) entstanden. Als erste Darstellung nördlich der Alpen gilt die des Conrad von Soest (1370-1422) aus dem Jahr 1403, zu sehen auf dem Altar der Bad Wildunger Stadtkirche. Der hier dargestellte Apostel ist auch als „Brillenapostel" in die Geschichte, besser gesagt, in die Kunstgeschichte eingegangen.

Und in Lübeck hat ein Apostel eben eine Sonnenbrille auf! Deren Erfindung ist übrigens alt: Die Eskimos verwendeten schon vor Jahrhunderten Gestelle aus Knochen und Holzbrettern, in die Sehschlitze eingearbeitet waren, um dem durch den Schnee entstandenen hellen Licht zu trotzen. Und auch Kaiser Nero (37-68 n. Chr.) hat sich beim Besuch von Gladiatorenkämpfen zum Schutz vor Sonnenlicht Smaragde vor die Augen gehalten. Der Apostel, mit seinem nachgedunkelten Silber, ist also in guter Gesellschaft. Allein: Sehen kann er durch die Brille nichts. Aber das wäre bei einer nicht nachgedunkelten Brille auch der Fall gewesen. Denn Silber ist ja bekanntlich nicht durchsichtig.

Eva-Maria Bast

....

So geht's zur Sonnenbrille:

Sie befindet sich in der Marienkirche in der Marientidekapelle hinter dem Hochaltar. Den Apostel entdeckt man am Kopf der liegenden Maria. Die Marienkirche steht auf dem Marienkirchhof 1.

04

Messingband

Der Weg zum bestgehüteten Geheimnis

Die Hansestadt ohne Lübecker Marzipan? Undenkbar! Das wäre ja fast so, als würde die Stadt das Holstentor abreißen und alle sieben Kirchtürme auf einmal beseitigen. Ein ganz entscheidendes Element würde fehlen! Und mit ihm eines der am besten gehüteten Geheimnisse der Stadt, nämlich das des Rezepts der feinen Köstlichkeit. Dabei führen – von vielen Menschen wenig beachtet – ein goldenes Messingband und ein rotes Lichtband im Café Niederegger direkt dort hin.

Einer, der die dezenten Wegweiser bestens kennt, ist Holger Strait, geschäftsführender Gesellschafter der Firma Niederegger. Er führt in siebter und achter Generation zusammen mit seiner Frau und seinen beiden Töchtern das Familienunternehmen und ist also mit dafür verantwortlich, dass Feinschmecker auf der ganzen Welt die Hansestadt mit einer Mischung aus Zucker, Mandeln und Rosenwasser in Verbindung bringen. „Das rote Lichtband in der Decke und der parallel dazu verlaufende Messingstreifen im Boden leiten unsere Besucher durch den Laden und das Café bis zu dem Marzipan-Museum in der zweiten Etage", erklärt er. Und dort, geschützt durch eine Glasplatte, liegt es: das Rezept des Lübecker Marzipans.

Um die Entstehungsgeschichte des Marzipans ranken sich zahlreiche Geschichten und Mythen. Auch die Mär von der Hungersnot im Jahr 1407 gehört dazu, als die darbenden Lübecker auf der Suche nach Essbarem angeblich die Speicher nach Vorräten durchforsteten und lediglich Zucker und Mandeln fanden. Sie fertigten, so die Überlieferung, aus den Zutaten eine Mandelspeise, formten sie zu Brotlaiben und verteilten sie am Markustag an die Bevölkerung – das Markusbrot oder Marci panis war erfunden. „Diese Wandersage taucht überall dort auf, wo man sich später mit der Herstellung der kostbaren Leckerei beschäftigt hat. Nur die Jahreszahlen variieren", setzt Holger Strait der schönen Geschichte ein jähes Ende.

Holger Strait weiß, was es mit dem goldenen Messingband, das sich über die Treppe zieht, auf sich hat und was selbiges mit dem Rezept von Lübecker Marzipan zu tun hat.

Der Ursprung des Marzipans liegt wohl eher im Orient, wo Kalifen und Haremsdamen damit schon lange vor dem Bekanntwerden in Europa ihren Süßhunger stillten. Von hier gelangte es über die Kreuzzüge nach Spanien und Portugal und breitete sich anschließend über Venedig auf dem ganzen Kontinent aus. „Das galt auch für Deutschland", sagt Holger Strait, „bei uns wurde Marzipan anfangs ausschließlich von Apothekern hergestellt und verkauft, weil es bis ins 18. Jahrhundert als exklusives Heilmittel galt." Das sei auch der Grund, warum die Regale im Niederegger-Laden an die in klassischen Apotheken erinnern.

„Bei uns wurde Marzipan anfangs ausschließlich von Apothekern hergestellt und verkauft, weil es bis ins 18. Jahrhundert als exklusives Heilmittel galt."

Erst als der Beruf des Zuckerbäckers erfunden war, durften diese „Canditors" ab 1714 in Lübeck Marzipan produzieren. Allerdings war die Süßigkeit wegen der hohen Zuckerpreise für die meisten Lübecker ein Luxus, den sie sich nicht leisten konnten. Doch sobald 1801 die erste Zuckerrübenfabrik in Cunern in Schlesien mit der Produktion begonnen hatte, rückte das Marzipan auch für die einfachere Bevölkerung in greifbare Nähe – ungefähr zu der Zeit, in der die Erfolgsgeschichte von Niederegger beginnt. „1806 machte sich der Ulmer Konditor Johann Georg Niederegger in Lübeck selbstständig. Er war es auch, der das Rezept festlegte, nach dem wir heute noch unser Marzipan herstellen", beschreibt Holger Strait die Anfänge. Seit 1822 ist das Unternehmen in der Breiten Straße vertreten, genau dort, wo inzwischen der dezente goldene Messingstreifen die Besucher schon auf den Eingangsstufen empfängt.

Ab 1850 genossen die russischen Zaren Marzipan aus dem Hause Niederegger, 1873 erhielt das Lübecker Produkt auf der Wiener Weltausstellung die Goldmedaille und ab 1908 belieferte das Unternehmen den Hof des Deutschen Kaisers. Längst exportieren Holger Strait und Familie die Marzipan-Produkte in die ganze Welt – seit 1921 immer im einheitlichen Corporate Design des Künstlers Alfred Mahlau (1894-1967), versehen mit den Initialen des Firmengründers JGN in einem stilisierten Holstentor und eingehüllt in Rot und Gold.

Der Geschäftsführer erklärt, was es mit den Farben auf sich hat: „Gold, Rot und Weiß sind die klassischen Niederegger-Farben. Sie prägen das Firmenlogo und natürlich unsere Produkte. Auch in unserem Stammhaus werden diese drei Farben immer wieder im Design aufgegriffen, zum Beispiel in dem roten Lichtband und dem goldenen Messingstreifen."

Wer diesem konsequent folgt und sich weder von der Produktvielfalt im Laden noch von der Tortenauswahl im Café ablenken lässt, der steht wenig später im zweiten Stock des Hauses im Marzipan-Salon vor einer in den Boden eingelassenen Glasplatte. Darunter befindet sich ein Schriftstück mit handschriftlichen Notizen, auf dem rechter Hand die bedeutungsschwangere Überschrift „Das Geheimnis des Marzipans" zu lesen ist. Doch wer jetzt glaubt, endlich selbst in die Marzipan-Produktion einsteigen zu können, wird enttäuscht. Denn das Rezept steht auf der Rückseite des Papiers und ist nicht zu sehen. So bleibt eines der am besten gehüteten Geheimnisse Lübecks also weiter unter Verschluss, auch wenn es inzwischen mit dem goldenen Messingband einen dezenten Wegweiser dahin gibt.

Heike Thissen

....

So geht's zum Messingband:

Das Messingband zieht sich von der Eingangstür des Café Niederegger in der Breiten Straße 89 bis hinauf in den Marzipan-Salon, wo das Originalrezept unter einer Glasscheibe zu sehen ist. Das Café hat wochentags geöffnet von 9 bis 19 Uhr, samstags von 9 bis 18 Uhr und sonntags von 10 bis 18 Uhr.

Susanne Birck betrachtet aufmerksam das Antlitz der Julia.

05

Romeo und Julia
Ein Liebespaar und umgezogene Löwen

„Sehen Sie doch mal, wie schön diese Figuren gearbeitet sind!", sagt Susanne Birck und streicht andächtig über das Gesicht der jungen Frau. In der Tat: Ihr Antlitz unter der straff sitzenden Haube ist ebenmäßig, wirkt grazil und hat jenen innigen Ausdruck, den man bei Liebenden häufig sieht. Der Mann mit Federbarett, in dessen Richtung sie schaut, hat einen ganz ähnlichen Blick. Wach und interessiert sieht er sie an, beide lächeln, beide blicken zueinander. Allein: Sie sitzen jeweils auf einem anderen Flügel der Tür, nicht auf demselben. Ganz zusammenfinden können sie also nie, so wie das auch jenen verwehrt war, denen die beiden Figuren nachempfunden sind – William Shakespeares Romeo und Julia.

„Der Bauherr, Kaufmann Johann Daniel Jacobj, war ein großer Shakespeare-Freund, ihm gehörten diese drei weißen Häuser", sagt Susanne Birck und deutet auf das Gebäude und seine Nachbarbauten. Jacobj (1798-1847) hatte seine Kindheit in der Großen Petersgrube verbracht, sein Elternhaus aber 1825 abreißen und von Architekt Joseph Christian Lillie (1760-1827) im klassizistischen Stil neu aufbauen lassen. Und er verstand es, sein Haus zu schmücken – nicht nur mit Romeo und Julia. „Vor der Tür, die von dem großen Liebespaar geziert wird, lagen einst zwei gusseiserne Löwen – und zwar die, die man heute vor der Holstentoranlage entdecken kann", verrät die Kulturjournalistin. Jacobj hatte sie 1840 von dem bedeutenden Bildhauer des Klassizismus, Christian Daniel Rauch (1777-1857), anfertigen lassen. „Und sieben Jahre später ist er gestorben." Die Löwen wachten weiter vor seinem Haus, mussten dann aber, als die Straße

Romeo und Julia – jeweils auf einem Türblatt.

schmaler wurde, weichen. „Man hat sie oben an den Klingenberg vor das Hotel Hamburg gelegt", erzählt Susanne Birck weiter.

Als dieses Gebäude bei einem schweren Bombenangriff zerstört wurde, blieben die Löwen erstaunlicherweise heil und zogen, nach einem kurzen Aufenthalt im St.-Annen-Museum, an ihren heutigen Platz um (siehe Geheimnis 45).

Von Romeo und Julia werden sie sicher schmerzlich vermisst. Doch die haben ja einander. Und was braucht es mehr in der Liebe!

Eva-Maria Bast

....

So geht's zu Romeo und Julia:

Die Liebenden befinden sich an den Türflügeln des Gebäudes Große Petersgrube 19.

So wie Axel Schattschneider saß einst Herbert Frahm auf dieser steinernen Bank. Allerdings las der spätere Willy Brandt dabei nicht einen Lübecker Stadtplan, sondern eine sozialistische Zeitung.

06

Steinbank
Wo Willy Brandt Zeitung las

Wie viele Spaziergänger mögen in den vergangenen 100 Jahren wohl auf dieser einfachen Steinbank gesessen und auf den Elbe-Lübeck-Kanal geblickt haben? Mit Sicherheit sehr viele! Denn sie steht wunderschön am Rand der Wallanlagen unterhalb des Kaisertors direkt am Uferweg. Vielleicht waren die dort Sitzenden erschöpft und wollten sich ausruhen. Vielleicht waren sie verliebt und wollten mit ihrer oder ihrem Liebsten einen Moment allein sein. Vielleicht waren sie aber auch am Weltgeschehen interessiert und wollten einfach mal in Ruhe ihre Zeitung lesen. So wie ein junger Mann namens Herbert Frahm (1913-1992), der später als Willy Brandt in die deutsche Geschichte eingehen sollte.

„Kaum einer der Spaziergänger, die heute hier vorbeikommen, weiß, dass diese Bank zu den Lieblingsplätzen des späteren Bundeskanzlers und Friedensnobelpreisträgers gehörte", erzählt Gästeführer Axel Schattschneider. Während der Schüler Frahm eigentlich den Unterricht am Lübecker Johanneum besuchen und aufs Abitur lernen sollte, verbrachte er seine Zeit lieber mit politischer Arbeit, journalistischen Recherchen und dem Lesen der sozialistischen Zeitung „Kampfsignal" auf der steinernen Bank. „Dass er die Schule überhaupt besuchen und Abitur machen konnte, verdankte er seinem Großvater Ludwig Frahm", sagt Schattschneider. Der habe nach dem Ersten Weltkrieg als Lastwagenfahrer bei den Drägerwerken gearbeitet und seine Dienstwohnung auf dem Werksgelände mit seinem Stiefenkel geteilt.

„Dass da ein sehr schlaues Kerlchen heranwuchs, war nicht nur dem Großvater klar."

Es waren nicht ganz einfache Familienverhältnisse, in denen Herbert Frahm aufwuchs. Seine Mutter war erst 19 Jahre alt und unverheiratet, als sie ihn am 18. Dezember 1913 zur Welt brachte – ein „Makel", der ihn über viele Jahrzehnte verfolgen würde. Als Verkäuferin musste sie bald wieder arbeiten gehen und Geld für sich und ihren Sohn heranschaffen, sodass der kleine Herbert Ernst Karl Frahm viel in der Obhut einer Nachbarin war. Erst als sein Stief-Großvater – seine Großmutter mütterlicherseits hatte nach der Geburt von Frahms Mutter einen anderen Mann geheiratet – den Fünfjährigen bei sich aufnahm, kam so etwas wie Kontinuität und Zuverlässigkeit in sein Leben. Ludwig Frahm (1875-1935) war es auch, der das Feuer der politischen Begeisterung in seinem Zieh-Enkel entfachte, war er selbst doch passioniertes SPD-Mitglied, Vertrauensmann in seinem Stadtbezirk und stand 1926 und 1929 als Kandidat für die Lübecker Bürgerschaft auf der SPD-Liste.

„Dass da ein sehr schlaues Kerlchen heranwuchs, war nicht nur dem Großvater klar, sondern auch einem der Lehrer am Johanneum, der den jungen Frahm dann ebenfalls stark förderte", sagt Schattschneider. In den Schulnoten spiegelte sich der kluge Kopf allerdings nur bedingt wider. Das Abiturzeugnis des einzigen Arbeiterkindes der gesamten Schule – so bezeichnete Frahm sich selbst gern – aus dem Jahr 1932 lässt sich getrost als „mittelmäßig" bezeichnen. Zu sehr war „der Politiker", wie ihn seine Mitschüler schon in jenen Jahren nannten, bereits zu Schulzeiten mit Politik und Journalismus beschäftigt. „Außerdem hat er häufiger seine Schulstunden geschwänzt, um hier auf dieser Bank Zeitung zu lesen. Da hat er dann hier gesessen, mit seinem Hut auf dem Kopf, und hat sich einen schönen Tag gemacht, während die anderen knapp einen Kilometer entfernt die Schulbank gedrückt haben", erzählt Schattschneider schmunzelnd.

Dass er in mehr als nur einer Hinsicht aus dem Rahmen fiel, war dem jungen Herbert Frahm früh klar. Rückblickend formulierte er es viele Jahrzehnte später einmal so: „Meine lübschen Wurzeln steckten ja eindeutig im Milieu der Arbeiterbewegung, nicht in der Tradition der alten Familien. Aber es gibt keine Zweifel, dass die Geschichte der ‚Stadt mit den sieben Türmen' auch einen Menschen meiner Art geprägt hat, der aus der Sicht der alten Familien aus dem Nichts kam – oder aus dem Chaos?"

Vier Felsblöcke, zusammengesetzt zu einer einfachen Bank mit Blick aufs Wasser.

Dass er es in seinem Leben trotzdem zu Großem brachte, lag an seinem Mut und seiner Zielstrebigkeit. Er war gerade Vorsitzender des Lübecker Jugendverbandes der Sozialistischen Arbeiterpartei Deutschlands (SAPD), einer Abspaltung von der SPD, die sich links von der Mutterpartei SPD für ihre politischen Ziele einsetzte, und steckte mitten in seinem Volontariat bei einer Lübecker Schiffsreederei, als er 1933 im Alter von 20 Jahren über Dänemark nach Norwegen fliehen musste. Denn gegen die „Machtergreifung" von Adolf Hitler (1889-1945) und den Nationalsozialisten vom 30. Januar 1933 hatte der überzeugte Linkssozialist sofort vehementen Widerstand geleistet. Um sich selbst vor Haft, Folter oder gar

Ermordung durch die neuen Machthaber zu schützen, gab er sich das erste Mal den Namen, unter dem er in die Geschichte eingehen würde: Willy Brandt.

Anfang April 1933 verließ er von Travemünde aus auf einem kleinen Boot seine Heimatstadt und gelangte mit der Hilfe eines Fischers über die Ostsee nach Dänemark, von wo aus er nach Norwegen weiterreiste. In Skandinavien arbeitete er als Journalist und Dolmetscher, beteiligte sich an der Widerstandsarbeit gegen die NS-Diktatur und kehrte erst nach Deutschland zurück, als die Nationalsozialisten den Zweiten Weltkrieg verloren hatten. Seine Aufgabe: aus Nürnberg vom Prozess der Alliierten gegen die Hauptkriegsverbrecher berichten. Als er 1947 dauerhaft nach Deutschland zurückkehrte, ging es schon bald mit seiner politischen Karriere steil bergauf: Der Kalte Krieg war in vollem Gange, als Brandt sich in der Berliner SPD etablierte. Am 3. Oktober 1957 wurde er Regierender Bürgermeister im freien Westteil Berlins, am 1. Dezember 1966 in der ersten Großen Koalition Außenminister und Vizekanzler im Kabinett von Kurt Georg Kiesinger (1904-1988) und am 21. Oktober 1969 der erste sozialdemokratische Bundeskanzler der Bundesrepublik Deutschland.

Ob er danach bei einem seiner eher raren Besuche in Lübeck noch einmal auf der einfachen Steinbank gesessen hat? Axel Schattschneider weiß es nicht. Vermutlich eher nicht. So ist die Bank bis heute meistens belegt von Spaziergängern, die sich mit Blick auf den Elbe-Lübeck-Kanal ausruhen wollen, und weniger von späteren Bundeskanzlern und Nobelpreisträgern. Aber: Wer weiß das schon?

Heike Thissen

So geht's zur Steinbank:

Die Steinbank, auf der Willy Brandt gern saß, als er noch Herbert Frahm hieß, steht in den Wallanlagen am Ufer des Elbe-Lübeck-Kanals, unterhalb des Kaisertors. Dieses befindet sich auf Höhe der Wallstraße 40.

Siegfried Austel weiß, wie wichtig diese Schienen einst für Menschen in Seenot waren.

07

Schienen

Gleise für schnelle Retter

Von dem alten Rettungsschuppen aus führen die Schienen unter einer kleinen Brücke hindurch direkt in die Trave. Sie sind verrostet und veraltet, offensichtlich erfüllen sie heute keinen Zweck mehr. Doch Siegfried Austel weiß, dass sie einst von ungemeiner Wichtigkeit waren: „In diesem Rettungsschuppen waren früher die Seenotretter untergebracht, heute wird er vom

Yachtclub genutzt", erzählt er. „Das erkennt man auch noch am Hansekreuz der Deutschen Gesellschaft zur Rettung Schiffbrüchiger, kurz DGzRS, am Giebel. Dort hat man früher die Boote gelagert. Die Schienen bilden eine Ablaufbahn, über die das Rettungsboot der Seenotretter zu Wasser gelassen wurde, wenn ein Schiff draußen in Seenot war und die Mannschaft gerettet werden musste."

Die Rettungsstation der DGzRS gibt es in Travemünde schon seit 1865. In dem damals neuen und nah am Leuchtturm gelegenen Schuppen hatte man ein Ruderrettungsboot mit Rettungswesten aus Kork untergebracht, zwei Jahre später wurde ein Raketenapparat angeschafft, mit dem ein Rettungsseil zu den auf See Verunglückten geschossen werden konnte. „Der Schuppen, den man heute sieht, ist aber nicht mehr der ursprüngliche", sagt der Lübecker. Denn bei der Sturmflut im November 1872 (siehe Geheimnis 34) wurde der erste Rettungsschuppen zerstört und anschließend neu gebaut. Zahlreiche Rettungsboote hat er über viele Jahrzehnte hinweg beherbergt. Denn natürlich blieb es nicht beim Ruderboot: 1911 begann die Motorisierung der DGzRS-Rettungsflotte, 1929 erhielt die Station Travemünde das erste Motorrettungsboot: Die „Lübeck" war von Norderney nach Travemünde verlegt worden. 1936

Christian Stipeldey, Pressesprecher der Seenotrettung, in Einsatzkleidung.

folgte die „Irene", die zuvor auf Helgoland gewesen war. Nach mehreren Wechseln ist nun seit dem Jahr 2000 das 9,5 Meter lange Seenotrettungsboot „Hans Ingwersen" im Einsatz, das ganz in der Nähe des alten Rettungsschuppens liegt.

Der Pressesprecher der Seenotretter DGzRS, Christian Stipeldey, kennt die Geschichte der Seenotretter wie seine Westentasche: „Der Ursprung liegt in der Mitte des 19. Jahrhunderts", sagt er. Nach Schätzungen verunglückten damals Jahr für Jahr rund 50 Schiffe allein vor den deutschen Nordseeinseln. 1861 gründete sich der erste deutsche regionale Verein zur Rettung Schiffbrüchiger in Emden. Weitere folgten entlang der Küste, unter anderem in Bremen und Hamburg, aber

Die Schienen führen direkt ins Wasser.

auch an der Ostsee. „Sie alle schlossen sich 1865 zur DGzRS zusammen – getragen ausschließlich durch Freiwilligkeit: durch die Freiwilligkeit der Seenotretter, bei jedem Wetter zum Einsatz hinauszufahren, um Menschen aus Seenot zu retten. Und durch die freiwilligen Spenden aus dem ganzen Land, ohne jegliche staatliche Gelder zu beanspruchen." Innerhalb weniger Jahre entstand ein dichtes Netz von Rettungsstationen von Borkum im Westen bis nach Memel im Osten.

Heute, mehr als 150 Jahre später, sind rund 60 moderne Seenotrettungskreuzer und -boote im Einsatz. „Trotz aller technischen Entwicklung hat sich eines nicht geändert: Im Mittelpunkt steht nach wie vor der Mensch", sagt Stipeldey. Fast 1.000 Seenotretter stehen zwischen Borkum und Usedom bei jedem Wetter rund um die Uhr zum Einsatz bereit. Mehr als 2.000 Mal pro Jahr fahren sie aufs Meer. Schon lange nutzen die Seenotretter die Schienen der Slipanlage des alten Rettungsschuppens in Travemünde nicht mehr. Aber wie schön, dass sie noch da sind und ebenso wie das Hansekreuz der DGzRS am Giebel auf die Arbeit der Rettungsmänner hinweisen, die heute noch genauso freiwillig im Einsatz sind wie schon 1865, um Menschen, die in Seenot geraten sind, das Leben zu retten.

Eva-Maria Bast

So geht's zu den Schienen:

Der alte Rettungsschuppen der Seenotretter steht ganz in der Nähe des alten Leuchtturms und des Maritim-Hotels in Travemünde direkt an der Vorderreihe. Die Schienen der Ablaufbahn verlaufen vom Rettungsschuppen unmittelbar in die Trave.

Anna Carlzon Behncke kann erklären, warum unter anderem das Rathaus und das Holstentor mit dunkel glasierten Ziegeln versehen sind.

08

Glasierte Ziegel
Untrügliches Zeichen von Reichtum und Macht

Besonders am Abend, wenn die Sonne allmählich im Westen der Stadt untergeht, ist dieses beeindruckende Schauspiel hervorragend zu beobachten: Dann glitzert und glänzt das Holstentor in vielen verschiedenen Farben. Und auch wer zum selben Zeitpunkt auf dem Marktplatz hinter dem Rathaus steht, sieht die Fassade des geschichtsträchtigen Gebäudes funkeln. „Genau so war das auch gedacht", sagt die Schwedin Anna Carlzon Behncke, die es sich zu ihrer Aufgabe gemacht hat, Gäste aus aller Welt für ihre Wahlheimat Lübeck zu begeistern. „Die Fassaden glänzen beim richtigen Lichteinfall, als seien sie mit lauter kleinen Diamanten besetzt. Sie sollen Besuchern gleich auf den allerersten Blick einen Eindruck von Lübecks Reichtum und Macht vermitteln." Es sei fast so, als verwandelten sich die Gebäude, wenn sie von der Sonne beschienen werden. Doch warum ist das so?

„Das liegt an den glasierten Backsteinen, die in die Mauern eingearbeitet sind", löst die Gästeführerin das Rätsel. Roten Backstein als Baumaterial habe sich jeder leisten können. „Aber diese glasierten Steine haben gezeigt, was für eine reiche Stadt Lübeck war." Zum Beispiel hatten die Lübecker für den südlichen Anbau des Rathauses, den Kriegsstubenbau, in den Jahren 1442 bis 1444 für die gesamte Fassade dunkelgrün glasierte Ziegel verwendet.

Beeindruckendes Schauspiel, vor allem bei Sonnenuntergang: Das Holstentor strahlt.

„Dafür mussten die Steine besonders behandelt werden. Für die Glasur war viel Salz nötig, das war teuer. Und Lübeck war offenbar reich genug, das weiße Gold zur Veredelung von Baumaterialien zu verwenden", ordnet Anna Carlzon Behncke die Bedeutung der glasierten Backsteine ein.

Schon die Herstellung von einfachen Backsteinen war sehr zeitaufwändig. Es dauerte drei Jahre, bis sie geformt, ausreichend getrocknet und gebrannt waren. Am Ende des langwierigen Prozesses erhielt man rote Steine, da sich beim mehrtägigen Brennen im Ofen bei etwa 1.000 Grad das in der Tonerde vorhandene Eisenhydroxid in rotes Eisenoxid umwandelt. „Wer nun aber keine matten roten, sondern glänzende dunkelrote, grüne, schwarze oder braune Steine haben wollte, musste noch einen Produktionsschritt dranhängen", merkt Anna Carlzon Behncke an. Um die von außen sichtbare Seite zu veredeln, überstrichen die Handwerker die Steine nach dem ersten Brand mit einer Mischung aus Ton und gemahlenem Glas, der sie je nach gewünschtem Farbton verschiedenfarbige Erde beigefügt hatten. Dann kamen die Ziegelsteine ein zweites Mal in den Brennofen, wobei die aufgetragene Schicht mit dem Klinker eine glasartige Verbindung eingeht, die in der Sonne farbig glänzt – daher auch der Name „Glasur".

Es gab jedoch Jahre und Jahrzehnte, in denen der Hansestadt ein Teil ihres mittelalterlichen Glanzes verloren zu gehen drohte. Großen Einfluss auf den Verlust der Strahlkraft hatte unter anderem der Zweite Weltkrieg. Das „steinerne Märchen", wie die Lübecker ihr Rathaus liebevoll nennen, war beim Luftangriff vom 29. März 1942 von einer Bombe getroffen worden und ausgebrannt.

> *„Diese glasierten Steine haben gezeigt, was für eine reiche Stadt Lübeck war."*

Die Hitze und die Flammen beschädigten die Ziegelglasur. Autoabgase und die Schadstoffbelastung durch die Nähe zur DDR-Grenze taten in der Nachkriegszeit ihr Übriges. Sie drangsalierten den Teil des Rathauses, der mit den glasierten Ziegeln gefasst ist, so stark, dass mehrere von ihnen bereits abgebröckelt waren. Doch weil das Gebäude als Teil des Weltkulturerbes von enormer Wichtigkeit für die Stadt ist, setzte die Deutsche Bundesstiftung Umwelt 2004 fast 90.000 Euro dafür ein, herauszufinden, wie sich die besonderen Ziegelglasuren restaurieren lassen könnten. Ziel war, Ersatzstoffe für die Glasur zu finden, damit die mittelalterlichen Ziegel geschützt werden und das historische Erscheinungsbild des Rathauses gewahrt bleiben konnte.

Fündig wurden die Wissenschaftler mit einem Stoff namens Ormoceren. Dank dieser neuesten Erkenntnisse wird das Lübecker Rathaus auch kommende Generationen noch mit seiner im Abendrot glänzenden Fassade begeistern können – auch wenn Reichtum und Macht seit Mitte des 15. Jahrhunderts merklich zurückgegangen sind.

Heike Thissen

....

So geht's zu den glasierten Ziegeln:

Die glasierten Ziegel sind unter anderem am Lübecker Rathaus (Breite Straße 62) oder am Holstentor (Holstentorplatz) zu finden und leuchten besonders auffällig in der Abendsonne.

09

Herbergseingang
Rast und Schutz für Pilger

Von außen deutet nichts darauf hin, dass sich hinter der braun gestrichenen Holztür in der Großen Gröpelgrube 8 etwas Besonderes verbirgt. Das liegt auch daran, dass das Gebäude selbst so unscheinbar daherkommt. Doch Zsuzsa Bereznai, die im Haus nebenan wohnt und den Schlüssel zum Türschloss besitzt, kann erklären, warum die Restaurierungsarbeiten im Erdgeschoss im Jahr 2006 für große Aufregung sorgten.

„Dass sich hier eine Herberge befunden hatte, war bekannt, als Eigentumswohnungen eingerichtet werden sollten", sagt die Lübeckerin. Das „Neue Haus des Heiligen Geistes" hieß es 1360, „Hospital St. Gertrud" im Jahr 1361 und „Pilgerhaus hinter dem Heiligen-Geist-Spital" seit 1362. Ab Mitte des 14. Jahrhunderts also stand hier eine von insgesamt vier Lübecker Herbergen für Wanderer auf dem Jakobsweg von Nordeuropa nach Santiago de Compostela in Spanien. „Aber erst mit zunehmendem Baufortschritt gab die Gertrudenherberge ihr Geheimnis preis. Denn als das Haus entkernt wurde, fanden die Restauratoren in der gotischen Halle im Erdgeschoss Wandmalereien, die so alt sind wie das Gebäude selbst", sagt Zsuzsa Bereznai und deutet auf die überlebensgroßen Figuren, die an der hinteren Wand zu erkennen sind. Ein Petrus ist darunter, ein Johannes der Täufer, ein Christophorus mit Jesuskind und natürlich auch ein Jakobus, abgebildet mit Stab, Mantel und Pilgerhut. Warum waren sie all die Jahre versteckt?

Die Reformation war schuld! Denn ab 1530 verlor Lübeck als Pilgerstadt an Bedeutung, weil die Gläubigen von nun an nicht mehr mit mühsamem Wandern Buße tun, um ihre Seele vor dem Fegefeuer zu retten. In der Großen Gröpelgrube 8 wurden folglich alle Fresken übertüncht und gerieten vollkommen in Vergessenheit, bis sie im Jahr 2008 wieder ans Licht kamen.

„Damals fingen wir als Familie an, Pilger bei uns aufzunehmen. Wir fanden, dass das gut passte, wo wir doch in unmittelbarer Nach-

Zsuzsa Bereznai sitzt vor dem Herbergseingang, durch den jahrhundertelang Pilger das Haus betraten. Dabei blättert sie in dem Gästebuch ihrer Familie, in das sich moderne Pilger eingetragen haben.

37

barschaft zur Herberge wohnen", erklärt die bekannte Sopranistin und blättert in einem Gästebuch, in dem sich die Wanderer verewigten. Die meisten ihrer Gäste seien auf dem Baltisch-Westfälischen Weg von Usedom über Lübeck und Hamburg nach Osnabrück unterwegs gewesen, wesentlich weniger auf dem Jütländischen Weg, der von der dänischen Grenze nach Lübeck führt. Und nur einer von allen Gästen, die die Herbergsfamilie bei sich aufnahm, befand sich tatsächlich auf dem 4.100 Kilometer langen Weg nach Santiago de Compostela. Doch jeder einzelne Gast von Zsuzsa Bereznai und ihrer Familie führte eine Jahrhunderte alte Tradition fort.

Die Lübecker Jakobuskirche in unmittelbarer Nähe der Herberge hat den Schutzheiligen der Pilger, Jakobus den Älteren, als Namenspatron und ist schon seit dem Mittelalter ein Ziel gläubiger Wanderer. Hier trafen sich drei historische Pilgerwege, die Anschluss Richtung Süden zu den großen Pilgerorten des christlichen Abendlandes fanden. Rom, Jerusalem und Santiago de Compostela konnte man direkt von Lübeck aus zu Fuß erreichen, wenn es die persönliche Fitness und der Wille zum Durchhalten zuließen. Aus dem Osten kam die Via Baltica an, aus dem Norden die Via Jutlandica und die Via Skandinavica. Die Menschen damals pilgerten für ihr Seelenheil und stellten sich den Strapazen entweder als freiwillige Buße oder als auferlegte Sühnewallfahrt. Und wenn sie auf ihrem Weg durch Lübeck kamen, hatten sie die Wahl zwischen mehreren speziellen Pilgerherbergen. Für das Spätmittelalter sind zwei, für kurze Zeit sogar vier Gasthäuser in der Altstadt überliefert: eines in der Müh-

Von außen ist nicht ersichtlich, welchen Schatz das Gebäude birgt: die ehemalige Pilgerherberge St. Getrud.

lenstraße, die Lüneburger Herberge in der St.-Annenstraße, das Brandenburgische Haus in der heutigen Dr.-Julius-Leber-Straße und die Gertrudenherberge in der Großen Gröpelgrube, die zum Heiligen-Geist-Spital neben der Jakobuskirche gehörte. Sie war nach der heiligen Gertrud von Nivelles, der Schutzheiligen der Pilger, Reisenden und Herbergen benannt. Eine Übersicht über das Inventar aus dem Jahr 1430 vermerkt eine Anzahl von 65 Betten im Obergeschoss, wobei vermutlich immer zwei bis drei Personen in einem Bett schlie-

„Als das Haus entkernt wurde, fanden die Restauratoren in der gotischen Halle im Erdgeschoss Wandmalereien, die so alt sind wie das Gebäude selbst."

fen. Somit bot das Haus Platz für bis zu 200 Menschen. „Hier unten in der Halle befanden sich damals Kochgerätschaften, Bänke und ein Altar", sagt die Nachbarin. Drei Tage lang erhielten die Pilger freie Kost und Logis, dann mussten sie auf ihrer Reise weiterziehen und die Große Gröpelgrube wieder verlassen.

Heute ziehen die meisten Besucher noch an dem Tag, an dem sie gekommen sind, weiter. Doch sie kommen wie damals zuhauf, auch wenn sie dort längst kein Bett, sondern einen unterhaltsamen Abend erwarten. Denn der große Raum im Erdgeschoss mit seinen mittelalterlichen Fresken gilt inzwischen als perfekter Veranstaltungsraum für kulturelle Events. Und wer Glück hat, kann dann sogar Nachbarin Zsuzsa Bereznai hier singen hören.

Heike Thissen

So geht's zum Herbergseingang:

Die ehemalige Pilgerherberge, zu der der Eingang gehört, steht in der Großen Gröpelgrube 8. Wer die Fresken innen sehen möchte, besucht die Herberge am besten im Rahmen einer offiziellen Führung.

10

Das große T

Ein Gotteshaus für Lübecks Handwerker

D as T auf dem Stein, der vor der St. Aegidienkirche steht, ist riesengroß, es nimmt einen bedeutenden Teil der Fläche ein. Und wenn man der in der Romanik oder der Gotik üblichen Darstellungsweise folgt, nach der wichtige Dinge groß und unwichtige Dinge kleiner dargestellt werden, dann hat das T auch alles Recht, riesig groß zu sein: „Das T steht für den Schutzheiligen der Kirche, den heiligen Aegidius", sagt Stadtführer Axel Schattschneider. „Es leitet sich von St. Tilgen oder St. Illigen ab, wie Aegidius auch genannt wird." Aegidius von St. Gilles (um 640-720) gilt als einer der 14 Nothelfer und war einer der bekanntesten Heiligen im Mittelalter. Der vornehme Kaufmann aus Athen soll in der zweiten Hälfte des 7. Jahrhunderts all seinen Besitz an Arme verschenkt haben und in ein Boot gestiegen sein, das ihn in die Camargue brachte. Dort lebte er als Einsiedler in einer Höhle und wurde von einer Hirschkuh mit deren Milch genährt.

Über Aegidius gibt es allerlei Legenden. Zum Beispiel: Als der Westgotenkönig Wamba Jagd auf die Hirschkuh machte, soll Aegidius versehentlich getroffen worden sein oder den Pfeil bereits in der Luft gefangen haben. Das Ergebnis aller Legenden ist das Gleiche: Die Hirschkuh wurde gerettet und der Westgotenkönig war so beeindruckt, dass er dem Einsiedler gestattete, das Kloster St. Gilles zu gründen, das um 680 entstand. Eine andere Legende besagt, es sei Aegidius gelungen, dem verstorbenen Fürstensohn von Nîmes wieder Leben einzuhauchen. Und auch

> *„Das Gotteshaus war sozusagen der Mittelpunkt des Lebens hier im Handwerkerviertel."*

diese Geschichte ist mit ihm verknüpft: Ein Klosterbruder habe die Jungfräulichkeit Marias angezweifelt und drei Fragen in den Sand geschrieben. Daraufhin seien als Antwort des Aegidius drei weiße Lilien, das Symbol der Reinheit, aus dem dürren Boden erblüht.

....

Axel Schattschneider kennt die Bedeutung
hinter dem großen T.

41

Ein Buchstabe für einen großen Heiligen.

Aegidius wird seit dem 9. Jahrhundert als Heiliger verehrt. In Lübeck ist das zunächst einschiffige und nun durch zwei angebaute Seitenschiffe dreischiffige Gotteshaus in Backsteingotik 1227 erstmals urkundlich erwähnt. Axel Schattschneider weist darauf hin, dass es möglicherweise bereits im 12. Jahrhundert einen hölzernen Vorgängerbau gab. St. Aegidien ist die kleinste Kirche in der Lübecker Innenstadt und steht mitten im einstigen Handwerkerviertel. Das lässt sich heute noch anhand der sehr kleinen Häuschen und der vielen kleinen Läden erkennen. „Das Gotteshaus war sozusagen der Mittelpunkt des Lebens hier im Handwerkerviertel", sagt Schattschneider. „Die Gemeinde von St. Aegidien war recht arm, so wie im ganzen Viertel eher die sozial schlechter gestellten Menschen lebten."

Doch die große Zeit des kleinen Kirchleins sollte noch kommen – und zwar in der Reformation: Hier wurde kurz nach Ostern 1530 das erste Abendmahl „unter beiderlei Gestalt", also nach evangelischem Ritus gefeiert. Unter beiderlei Gestalt bedeutet, dass auch die Gemeinde sowohl Brot als auch Wein bei der Kommunion bekam. Im katholischen Ritus erhält nur der Priester den Wein, der für das Blut Christi steht, die Laien bekommen nur die Hostie. Aber eigentlich, meint Schattschneider nachdenklich, brauche ein Gotteshaus ja auch keinen Pomp, keine Gloria und keine riesigen Ereignisse. Wichtig ist doch allein das: Dass die Menschen in der umliegenden Gemeinde einen Anlaufpunkt, einen Ort der Stille und des Glaubens haben. Gerade dann, wenn es das Leben nicht allzu gut mit ihnen meint. Und das war die kleine Kirche zu allen Zeiten.

Eva-Maria Bast

So geht's zum großen T:

Es steht direkt vor der Kirche St. Aegidien. Diese befindet sich in der Aegidienstraße 75.

Marion Apsitis mag das Portal des Füchtingshofes sehr. Besonders hat es ihr die Figur angetan, die die Tugend der Mäßigung verkörpert.

11

Mäßigung

Mahnender Hinweis für Bewohnerinnen

Es ist nicht überliefert, ob sich die Frauen, die einst im Füchtingshof wohnten, wirklich an diese Mahnung hielten. Aber sie passierten diese jedes Mal, wenn sie durch das beeindruckende Sandsteinportal gingen, um nach Hause zu gelangen. „Links von der Tür steht eine wunderschöne Figur der Mäßigung", erklärt Marion Apsitis. Weil das Portal so aufwändig gearbeitet sei, achte jedoch kaum jemand auf sie. „Das ist schade, denn eigentlich kann man von ihr sehr viel lernen", sagt die Stadtführerin und schmunzelt dabei. Die Temperantia, die dort abgebildet ist, gießt nämlich Wasser in ein Weinglas und muss sich dabei konzentrieren, um das richtige Maß zu treffen. „Sie erinnert daran, dass man es im Leben mit nichts übertreiben soll", interpretiert Marion Apsitis die Darstellung und zitiert Johann Wolfgang von Goethe (1749-1832), an dessen Gedicht sie immer dann denken muss, wenn sie am Füchtingshof vorbeikommt: „Wasser allein macht stumm, das zeigen im Bach die Fische. Wein allein macht dumm, siehe die Herrn am Tische. Da ich keins von beiden will sein, trink ich Wasser mit Wein." So oder ähnlich werden auch die Witwen gedacht haben, die im Füchtingshof lebten und vermutlich andere Sorgen als den übermäßigen Genuss von Wein hatten.

„Im Gegensatz zu den Lübecker Gängen, die aus Platzmangel entstanden, waren die Höfe soziale Einrichtungen. Hier im Füchtingshof zum Beispiel konnten Seefahrer- und Kaufmannswitwen leben", erklärt Marion Apsitis, während sie durch das Portal geht. Die Frauen mussten keine Miete bezahlen, sondern bekamen sogar aus dem Stiftungsfonds regelmäßig Geld, damit sie ihren Lebensstandard einigermaßen halten konnten. „Aus ihren Kaufmannshäusern mussten sie dafür aber ausziehen", schränkt die Stadtführerin ein.

Wasser mit Wein mischen und einen kühlen Kopf behalten: Das ist Mäßigung.

Im Fall des größten und prächtigsten Lübecker Stiftungshofes war der Kaufmann, Ratsherr und Schonenfahrer Johann Füchting (1571-1637) der edle Spender. Er stammte ursprünglich aus Westfalen, kam aber im Alter von 16 Jahren nach Lübeck, wo ihm sein Onkel eine Schulausbildung ermöglichte. Nach seiner Kaufmannslehre ließ er sich für mehrere Jahre auf der Insel Gotland nieder, eröffnete dort eine eigene Handlung und ging so geschickt seinem Metier nach, dass er 1604 als gemachter Mann in die Hansestadt zurückkehrte. Als seine Frau nach einer 31 Jahre währenden kinderlosen Ehe gestorben war, machte sich Füchting Gedanken über sein eigenes Ableben und klärte am 15. Oktober 1636 in seinem Testament alle Fragen zu seinem Nachlass. Das war auch bitter nötig: Die Testamentsvollstrecker zogen nach seinem Tod Bilanz und stellten fest, dass er durch

Fleiß und kaufmännisches Geschick mehr als 250.000 Mark der hanseatischen Handelswährung Lübsch angespart hatte – was ihn nach heutigen Verhältnissen zu einem mehrfachen Millionär machte.

„Er verfügte, dass ein Teil seines Vermögens an Arme gehen
sollte", sagt die Stadtführerin. So sei 1639 unter dem Baumeister
Andreas Jeger ein Wohnhof mit 21 Einheiten für die Witwen von Schif-
fern und Kaufleuten entstanden. „Diese konnten hier bis an ihr
Lebensende kostenlos logieren und bekamen alle drei Monate 10 bis
15 Mark Lübsch von den Vorstehern ausgezahlt." Natürlich gab es auch
Auflagen, die die Frauen zu erfüllen hatten. Sie durften maximal zwei
Kinder mitbringen und dies auch nur, wenn die noch unter 16 Jahre
alt waren. Regelmäßige Besuche des Gottesdienstes waren Pflicht,
außerdem waren Streitigkeiten unerwünscht und nachbarschaftliche
Hilfe unter den Witwen sehr gern gesehen.

Damit jeder einen Eindruck davon gewinnen konnte, wie betucht
und großzügig er als Wohltäter war, wurde der Hof 1640 mit einem
prächtigen Portal aus Gotländer Sandstein versehen, das allen in der
Stadt auf einen Blick zeigte, wer hinter dem wohltätigen Projekt steckte.
Auch sollte es die Frauen daran erinnern, worauf sie zu achten hatten:
Mäßigung üben, gerecht sein und dem Nächsten helfen zum Beispiel.
Denn neben der Temperantia sind links und rechts von der Hofeinfahrt
auch noch Prudentia mit Spiegel (Weisheit), Fortitudo mit Säule (Stärke)
und Justitia mit Waagschale und Schwert (Gerechtigkeit) zu sehen. In
der Portalzone über ihnen sind die drei christlichen Tugenden Fides mit
Kreuz (Glaube), Spes mit Anker (Hoffnung) und Caritas (Nächstenliebe) dargestellt. Wer all diese Tugenden respektiert und ihnen im
Leben folgt, kann nicht mehr allzu viel falsch machen. Ganz egal, ob er
im Füchtingshof wohnt oder woanders in Lübeck und der Welt.

Heike Thissen

....

So geht's zur Mäßigung:

Die Figur der Mäßigung ist am Portal des Füchtingshofs angebracht.
Dieser steht in der Glockengießerstraße 23-27.

12

Russischer Grabstein
Tod auf dem beliebten Dampfschiff

Für die einen ist es nur eine schlichte Stele aus Stein, die auf dem ehemaligen Kirchhof der St. Lorenzkirche steht und keinen zweiten Blick wert ist. Für die anderen ist sie ein Zeichen für das tragische Schicksal einer russischen Familie und eine Erinnerung an eine längst vergangene Ära, die die Geschichte Travemündes und damit auch Lübecks nachhaltig geprägt hat.

Wolf-Rüdiger Ohlhoff gehört zu Letzteren. Das verwundert nicht weiter, kennt er Travemünde doch in- und auswendig. Er weiß, warum die Steinstele einen zweiten und auch einen dritten Blick verdient hat. „Hierbei handelt es sich um das Grabmal eines russischen Kapitäns, der von Strigewsky hieß", erklärt der Heimatforscher. 33 Jahre war der Seemann alt, als er auf einer Reise mit dem Dampfschiff nach Travemünde starb und deshalb auf dem Friedhof im Ostseebad beigesetzt wurde. „Für seine Familie war das mit Sicherheit sehr hart", vermutet Ohlhoff und blickt nachdenklich auf die kyrillischen Schriftzeichen, die die eine Seite des Grabsteins füllen. Die deutsche Übersetzung steht auf der anderen Seite: *Hier ruhet die irdische Hülle des weiland Kaisers russischen Stabs Capitanius von Strigewsky, gestorben am 3ten Mai 1836 in seinem 33ten Lebensjahre, während einer Reise auf dem Dampfschiffe. Aufs schmerzlichste beweinen seinen frühen Tod desselben tiefbetrübte Gattin und zwei Söhnchen.* „Dieser Grabstein ist für mich etwas ganz Besonderes. Da stehen nicht so sehr die Lebensdaten im Vordergrund, sondern etwas viel Privateres. Damit bleibt der Verstorbene viel besser in Erinnerung", sagt Ohlhoff. Wie der junge Familienvater mit Vornamen hieß oder wann er wo geboren wurde, gibt die Stele nicht preis. Auch unter welchen Umständen er zu Tode kam, ist nicht überliefert. Da der Tod den jungen Russen außerhalb der deutschen Hoheitsgewässer traf, sei in den Kirchen- und Friedhofsakten und im Archiv nichts über ihn zu finden, bedauert der Travemünder. Aber dass irgendwo in Russland eine ver-

Wolf-Rüdiger Ohlhoff zeigt auf dem russischen Grabstein auf das Sterbejahr des russischen Offiziers.

zweifelte Mutter mit ihren beiden weinenden Kindern saß, das vermittelt der Grabstein eindrucksvoll.

Die drei anderen Grabsteine, die noch auf dem Rasen rund um die Kirche stehen, stammen wie der von Strigewsky aus dem letzten Jahrzehnt des Friedhofs. 1838 erging die Weisung, unter anderem an Ortschaften wie Travemünde, die Friedhöfe rund um die Kirchen aufzulösen und die Toten künftig außerhalb der ehemaligen Stadtmauern zu begraben. Der russische Kapitän war einer der Letzten, die mitten im Ort bestattet wurden.

Die Stele ist ein Relikt aus den Zeiten, als der Friedhof noch direkt neben der St. Lorenzkirche lag.

Dass Kapitäne – wie der junge Familienvater – Menschen zu Hunderten und Tausenden von Russland in das Ostseebad fuhren, ist noch gar nicht so lange her. Ab 1830 reisten immer mehr wohlhabende Gäste aus Russland über die gerade neu gegründete Dampfschifflinie zwischen Travemünde und Kronstadt bei St. Petersburg an. Das hatten sie dem Lübecker Kaufmann Nikolaus Hermann Müller zu verdanken, der in jenem Jahr die St. Petersburg-Lübecker-Dampfschiffahrt-Gesellschaft als Aktiengesellschaft gegründet hatte. Müller pflegte gute Kontakte zum russischen Herrscherhaus, sodass Zar Nikolaus I. (1796-1855) sich nicht nur zur Hälfte an der Finanzierung beteiligte und Aktien erwarb, sondern ihm auch für zwölf Jahre das Privileg einräumte, „nur mit diesen Dampfschiffen aus den Häfen südlich des 55. Breitengrades nach den Plätzen des finnischen Meerbusen" zu fahren. „Am Anfang waren zwei Dampfschiffe im Einsatz, sechs Jahre später kam ein drittes hinzu", erklärt Ohlhoff. Die Dampfschiffe fuhren unter russischer Flagge und hießen Nikolai I., Alexandra und Naszelednik. Auf welchem von ihnen Strigewsky Kapitän war und ums Leben kam, ist nicht überliefert.

Die Überfahrt war wahrlich ein Erlebnis: „Was man noch vor wenig Jahren für eine Fabel, für unmöglich gehalten, nun war's Tatsache geworden. Man fuhr, ohne den Wind noch zu benutzen, mit Hilfe heißgemachten Wassers, mit Dampf, quer über den Ozean", lautete ein entsprechender Augenzeugenbericht. „Die Saison begann immer in den ersten Maitagen und dauerte bis Ende Oktober oder Anfang November", erklärt Ohlhoff. Jeden Samstag stachen die Schiffe in Kronstadt in See. Für die Überfahrt von Travemünde nach Kronstadt zahlten sie in einer Kajüte erster Klasse 24 holländische Dukaten, für eine separate Kajüte mit vier Betten 84 holländische Dukaten.

„Die Saison begann immer in den ersten Maitagen und dauerte bis Ende Oktober oder Anfang November."

Einmal im 1.200-Seelen-Ostseebad angekommen, genossen die russischen Gäste die gehobene gesellschaftliche Atmosphäre, die hier herrschte, und gingen im Logierhaus und in der Warmbadeanstalt ein und aus, nutzten die Badekarren in der Ostsee und flanierten am Strand, um Körper und Seele mit Bewegung und Ostseeluft etwas Gutes zu tun. Um den russischen Kurgästen ein adäquates Quartier bieten zu können, eröffnete im Jahr 1832 das Hôtel de Russie in der Vorderreihe 52. Das Gebäude von damals steht nicht mehr, es wurde Anfang des 20. Jahrhunderts abgerissen und durch das Hotel Deutscher Kaiser ersetzt, das noch heute als erstes Haus am Platze gilt.

Trotz der großen Beliebtheit bei den russischen Gästen hielt sich die Dampfschifffahrtslinie nicht sonderlich lange: Bereits 1852 wird von der Gründung einer neuen Schifffahrtsgesellschaft berichtet, deren drei Schiffe unter Lübecker Flagge fuhren. Und auch wenn die Besucher heute mit dem Flugzeug über Hamburg anreisen und nicht mehr mit dem Dampfschiff, erinnert in Travemünde unter anderem der Grabstein eines jungen Mannes daran, dass das Ostseebad und St. Petersburg einmal eng miteinander verbunden waren.

Heike Thissen

....

So geht's zum russischen Grabstein:

Er steht auf dem ehemaligen Kirchhof der St. Lorenzkirche in Travemünde. Die Kirche befindet sich in der Jahrmarktstraße 8.

13

Kanaldeckel

Militärisch korrekt in Reih und Glied

S trammstehen muss man nicht auf der Burgtorbrücke, obwohl sich die Kanaldeckel unter der Verwaltung der Bundeswehr befinden, wie Stadtführer Dr. Ulrich Bayer herausgefunden hat. Nachdem er während seiner Führungen durch Lübeck, die er auch „Spaziergänge mit Kommentaren" nennt, öfters auf die vielen Kanaldeckel auf der Brücke – die in Reih und Glied liegen, wie sich das für die Bundeswehr gehört – angesprochen wurde, ging er der Frage nach, was es mit den ordentlich angeordneten Kanaldeckeln auf sich hat. Und kann nun berichten, dass sie aus den 1980er-Jahren stammen, aus der Zeit des Kalten Krieges (1947-1989) in seiner letzten, heißen Phase, die von beispiellosem Wettrüsten geprägt war.

Nach dem Zweiten Weltkrieg rissen sich die Supermächte USA und Sowjetunion um die Vorherrschaft. Beide verfügten über ein militärisches Bündnissystem, dessen Führungsmacht sie jeweils waren: die NATO (North Atlantic Treaty Organisation, gegründet 1949) auf Seiten des Westens und der Warschauer Pakt (gegründet 1955 nach dem NATO-Beitritt der Bundesrepublik Deutschland) auf Seiten des Ostblocks. Die Bemühungen um Entspannung der politischen Lage nahmen Ende der 1970er-Jahre ein jähes Ende: Zum einen wurde der NATO-Doppelbeschluss von 1979 gefasst, der eine Aufrüstung im Bereich der Mittelstreckenraketen (Pershing II) mit der Begründung beabsichtigte, der Warschauer Pakt habe hier in den Jahren zuvor durch die SS-20-Raketen mit deutlich größerer Sprengkraft einen Rüstungsvorsprung erzielt. Der Doppelbeschluss sah zum anderen Verhandlungen mit der Sowjetunion vor: Diese sollten ihre Mittelstreckenraketen spürbar begrenzen. Sollte die sowjetische Seite nicht zustimmen, würden die USA mit atomaren Mittelstreckenraketen aufrüsten. Bis Ende 1983 jedoch brachten die Verhandlung keine Einigung, sodass die NATO letztendlich ihre Pershing II-Raketen auf-

Dr. Ulrich Bayer macht zwischen den Kanaldeckeln die Grätsche.

stellte. Am 25. Dezember 1979 marschierte die sowjetische Armee in Afghanistan ein.

Aber was hat das alles mit den Kanaldeckeln zu tun? Welchen militärischen Nutzen sollten sie haben? „Unter den Kanaldeckeln befinden sich Löcher", sagt Ulrich Bayer, „und in die sollten T-Träger eingestellt werden, durch die feindliche Panzer an der Durchfahrt durch Lübeck hätten gehindert werden können." Im Grunde handelte es sich also um Aufnahmepunkte für Panzersperren. „Das ist das gleiche Prinzip wie im Mittelalter, als man versuchte, eine Stadt mit Stadtmauern vor Plünderung und feindlicher Übernahme durch fremde Heere zu schützen." Auch als Aufnahmeschächte für Sprengladungen hätten die Löcher dienen können. Sogenannte „Wallmeister" waren im Kalten Krieg dafür zuständig, „an strategisch wichtigen Punkten Deutschlands Infrastruktur in Trümmer zu legen, falls die Panzertruppen des Warschauer Pakts angreifen sollten. Dafür hatten sie fast 6.000 geheime Sprengfallen bundesweit präpariert, vor allem an Brücken, Straßen und Tunneln", schreibt Per Hinrichs in einem Spiegel-Artikel. „Es waren versteckte Bohrlöcher oder getarnte Gully-Schächte, die teils gewaltige Sprengladungen aufnehmen konnten. Die Munition wurde an nahegelegenen Standorten gelagert oder in getarnten Bunkern, in denen bis zu fünf Tonnen TNT bereitlagen – jahrzehntelang."

Mit einer Sprengung der Brücke statt dem Aufbau einer Panzersperre wäre die Durchfahrt der Militärfahrzeuge zweifelsohne ebenfalls verhindert worden. Ob es eine solche Planung gab, könnte nur der Wallmeister der Bundeswehr verraten – der aber ist zur Geheimhaltung verpflichtet.

Eva-Maria Bast

....

So geht's zu den Kanaldeckeln:

Sie befinden sich unübersehbar auf der Burgtorbrücke.

Bernd Thurau blickt auf das X im Balken.

X im Balken
Puzzlespiel mit Verantwortung

„Sie haben es nicht im Rücken? Sie können sich so weit ducken, dass Sie nicht größer als 1,47 Meter hoch sind?", vergewissert sich Bernd Thurau und mustert mich skeptisch. Auf mein vehementes Nicken hin und die Versicherung, dass ich es nicht im Rücken und auch kein Problem habe, mich 20 Zentimeter kleiner zu machen, warnt er noch: „Aber passen Sie auf Ihren Kopf auf!", zieht den seinigen ein und entschwindet durch ein sehr niedriges Tor, das in eine sehr schmale Gasse führt.

„Die Stadt war ja durch die Insellage in ihrer Ausdehnung eingeschränkt. Im Mittelalter waren wir zu 90 Prozent von Wasser umgeben.

Und es gab damals auch den Mauerzwang, was bedeutet, dass alle Menschen in der Stadt wohnen mussten, außerhalb war es nicht erlaubt", erklärt er, während wir durch das Gässchen gehen, dessen hübsche Fachwerkhäuser von der Sonne beschienen sind. Blumen blühen, Kinder spielen, eine Katze liegt faul auf einem Fensterbrett. Gässchen werden zu Höfen, von denen wieder Gässchen abführen. Idylle pur. „Weil in Lübeck so wenig Platz war, musste man extrem verdichten, dadurch entstanden die Wohnbezirke hinter den Häusern und die vielen kleinen Gässchen, in Lübeck auch *Gänge* genannt." Um die 180 habe es damals gegeben, rund 90 seien heute noch erhalten. „Man nannte diese Häuser in den kleinen Gässchen Buden." In Lübeck erzählt man sich, dass es eine Bauverordnung von 1540 gegeben habe, die vorschrieb, dass die Gassen so breit sein müssen, dass ein Sarg hindurchpasst. „Aber das ist Blödsinn", sagt Thurau rundheraus. „Die einzige Bauordnung, die es gibt und die von 1540 ist, diente dem Feuerschutz und besagt, dass man keine Wände aus gewundenen Weiden stellen darf, die dann verputzt werden, sondern dass man Backsteine nehmen soll."

Was hat dieses merkwürdige Zeichen zu bedeuten?

Inzwischen ist Bernd Thurau an der Stelle angekommen, an der sich das Geheimnis befindet, das er zeigen will. „Schauen Sie mal, da! Sehen Sie das?" Er deutet auf eine undefinierbare Stelle auf einem dicken Fachwerkbalken an einem zweifellos ausgesprochen hübschen Fachwerkhaus, das in einem ausgesprochen schmalen Gässchen steht. Aber was Bernd Thurau genau meint, erschließt sich zunächst nicht. „Na, da, das X!", sagt er. Und tatsächlich: Im Balken findet sich ein großes, eingeritztes X. „Dazu gibt es mehrere Spekulationen", erklärt der Stadtführer.

„Die eine lautet, dass es sich um ein Abrechnungszeichen handelt: Der Zimmermann wollte nach getaner Arbeit sein Geld haben, konnte aber nicht lesen und schreiben und hat den Erhalt des Geldes mit dem

X quittiert. Man sagt ja auch, wenn etwas erledigt ist, ist die Sache geritzt." Gut möglich ist aber auch, dass es sich um ein Abbundzeichen handelt. Der Abbund ist ein Arbeitsvorgang im Zimmermannshandwerk, bei dem die Hölzer zurechtgelegt, auf die für den Verwendungszweck richtige Länge zugesägt und dann mit sinnhaften Abbundzeichen versehen werden. Anhand dieser Abbundzeichen wissen die Zimmerleute dann, welches Holz an welche Stelle gehört, wenn sie die Teile vor Ort zusammenbauen. Man könnte auch sagen, dass es sich bei den Abbundzeichen um eine Art Bauanleitung handelt. Die Zeichen wurden entweder mit der Stoßaxt oder dem Stemmeisen oder einem Reißhaken ins Holz eingebracht, für flüchtigere Arbeiten mit einem Stift. Allerdings variierten die Abbundzeichen von Region zu Region und von Werkstatt zu Werkstatt.

„Man sagt ja auch, wenn etwas erledigt ist, ist die Sache geritzt."

Bei der Abbundtechnik verwendete man auch römische Zahlen, mit der Zählung begonnen wurde unten links. Querwände versah man mit einem „Stich", also einem kleinen Loch, Längswände mit so genannten „Ruten", also Querstrichen. Das erste Stockwerk erhielt häufig zusätzlich noch ein Dreieck, das „Hoch" genannt wurde, das zweite Stockwerk bekam zwei Dreiecke und so weiter. So könnte also zum Beispiel das zehnte Holz im ersten Stock in der zweiten Längswand folgende Bezeichnung haben: △ X \\.

Außer dem X finden sich an unserem Balken keine weiteren Zeichen. Manche Hölzer wurden aber auch nur durchnummeriert und nicht mit weiteren Angaben versehen. Klar ist jedenfalls: Wenn es sich wirklich um ein Abbundzeichen handelt, dann ist der Balken mit dem X Nummer 10 in der Reihenfolge.

Eva-Maria Bast

....

So geht's zum X im Balken:

Es befindet sich am Haus Bäckergang 6 oberhalb des Erdgeschosses eingeritzt – ganz unten am zweiten Gefach von rechts.

Kamilla Guttmann lehnt an einem der Pfeiler, deren Tor einst die Clemensstraße und den dortigen Rotlichtbezirk vor neugierigen Blicken schützte.

15

Pfeiler

Im Sperrbezirk ist Ruhe eingekehrt

Es gibt schönere Straßen in der Lübecker Altstadt. Genau genommen gehört die Clemensstraße sogar zu den wenigen, die man als schmucklos bezeichnen darf. Und dennoch war sie über Jahrzehnte nicht aus dem Alltagsleben der Hansestadt wegzudenken. Das erzählt Kamilla Guttmann, die sich lebhaft daran erinnert, dass es hier bis vor wenigen Jahren nicht so ruhig zuging: „Auf diesen 90 Metern zwischen Böttcherstraße und Untertrave befand sich das Lübecker Rotlichtviertel. In jedem einzelnen Haus war ein Bordell untergebracht." Erst im Jahr 2006 schloss das letzte Freudenhaus an dieser Adresse. Bis dahin war die Straße

Sperrbezirk: Durch ein Tor, das an zwei heute noch vorhandenen Pfeilern angebracht war, vor den neugierigen Augen der Passanten geschützt, gingen die Damen des horizontalen Gewerbes in den Häusern zur Linken und Rechten ihrer Arbeit nach.

„Als ich jünger war, hat die Clemensstraße uns Jugendliche natürlich schon irgendwie magisch angezogen. Wir waren nie drin, aber gucken gegangen wären wir schon gern", blickt die Stadtführerin schmunzelnd zurück. Sie erzählt die Anekdote von ihren Brüdern, deren Neugier sie immerhin einmal dazu veranlasst hat, mit dem Auto des Vaters durch die Böttcherstraße zu fahren und einen Blick hinein ins Rotlichtmilieu zu werfen. „Da riefen plötzlich einige der Damen, dass sie unser Auto kennen würden und schon öfter dort gesehen hätten", führt sie die Geschichte fort, um sie sogleich aufzulösen: „Mein Vater war Arzt, der musste immer wieder mal zu Einsätzen in die Clemensstraße." Die Brüder dürften trotzdem einen ordentlichen Schrecken bekommen haben.

„Hier standen also die Damen, die mit ihrem langsamen Gang das schnelle Geld verdienten."

„Das hier ist eine geschichtsträchtige Straße, deren Name auf die St.-Clemens-Kirche anspielt, die seit 1257 im Quartier stand und 1899 abgebrochen wurde", beginnt Kamilla Guttmann ihren Exkurs in die Vergangenheit der Clemensstraße. Die hieß ab 1486 viele Jahrhunderte lang „Clemenstwiete" , seit 1927 „Klemensstraße" und seit 1951 steht sie als „Clemensstraße" im Stadtplan.

Wann genau es mit der Prostitution in dem Gässlein losging, lässt sich nicht mehr sagen. Historische Quellen sprechen von einem Mann namens Hinrich Eggers, der hier bereits 1722 den „Weißen Engel" führte. Spätestens ab 1800 dürften an dieser Adresse, die in den Adressbüchern als „Engel" auftaucht, Bordellwirte den Betrieb geleitet haben. „Seither standen hier also die Damen, die mit ihrem langsamen Gang das schnelle Geld verdienten", erzählt Kamilla Guttmann. „Auch im Mittelalter waren die Damen in der Stadt schon kaserniert, also an einem Ort zusammengefasst, und durften nicht einfach auf der Straße Freier ansprechen. Außerdem mussten sie sich mit etwas Gelbem kennzeichnen, damit allen klar war, dass sie nicht zur Gesellschaft gehörten." Diese so genannten „luderschen Personen", wie sie im Norddeutschen bezeichnet wurden, hatten sich strengen Regeln zu unterwerfen. „Sie waren in festen Häusern untergebracht und die Herren mussten zu ihnen kommen, nicht umgekehrt. Sie bekamen auch kein Geld von den Männern, sondern von ihrem Frauenmeister, der die Prostituierten unter Aufsicht hatte", erklärt sie.

Wenn der Bedarf an Prostituierten besonders groß war, zum Beispiel während der ab 1356 in Lübeck stattfindenden Hansetage, kamen auch Frauen aus dem Umland in die Stadt. Damit habe man ehrbare Frauen und ihre Töchter schützen wollen, sagt die Gästeführerin. „Und weil sie oft hölzerne Schuhe trugen, nannte man sie Trippen, nach den hölzernen Überschuhen der damaligen Zeit."

Mitte des 19. Jahrhunderts entstanden zwischen Untertrave und Altstadt immer mehr Freudenhäuser. Für viele der Seefahrer, die nach Wochen auf hoher See das erste Mal wieder festen Boden unter den Füßen hatten, lag das Gässlein zu günstig, als dass sie auf dem Weg zu ihren Familien an den Verlockungen der hier beschäftigten Frauen

Bordelle gibt es in der Clemensstraße heute keine mehr.

vorbeigekommen wären. „Zur Jahrhundertwende gab es dann bereits so viele Bordelle, dass die Straße zum Sperrbezirk erklärt wurde, wo Prostitution erlaubt war", sagt Kamilla Guttmann. Zur Böttcherstraße hin brachte die Stadt zwei Pfeiler und ein Tor an, sodass fortan der Zugang kontrolliert und der freie Blick hinein verhindert werden konnte.

Zu weltweiter Bekanntheit verhalf der Straße und ihren Etablissements – sehr zum Unmut der Lübecker – im Jahr 1905 Heinrich

Manns Roman *Professor Unrat*. Dort heißt das Etablissement nicht wie im wahren Leben „Weißer Engel" oder „Goldener Engel", wie das Bordell in der Clemensstraße 10, sondern „Blauer Engel". Im Buch mussten die Lübecker als Karikaturen des Deutschen Bildungsbürgertums herhalten und fanden das natürlich gar nicht zum Lachen. Doch spätestens als die Geschichte 1930 auch noch mit Marlene Dietrich verfilmt wurde, waren die Clemensstraße und ihre Etablissements in aller Munde.

Das war vermutlich auch der Grund, warum die Anwohner sich eine Änderung des Straßennamens wünschten, als im Zuge eines entsprechenden Reichsgesetzes vom 18. Februar 1927 alle „Mädchenhäuser" in der Straße vorübergehend geschlossen wurden. Doch mit dem Hinweis auf die Herkunft des Namens wurde diesem Wunsch nicht stattgegeben.

Auch als die Hansetage längst nicht mehr stattfanden, bestand die Prostitution in Lübeck und vor allem in der Clemensstraße weiter. Für die 1970er-Jahre sind dort 14 Bordelle überliefert, in denen 160 Prostituierte arbeiteten. Doch in den folgenden Jahrzehnten ging die Zahl beider – die der Etablissements und die der Prostituierten – stetig zurück. Im Dezember 2006 schloss schließlich auch die „Goldene 7", das letzte Bordell in der Straße. Seitdem ist es zwischen Untertrave und Böttcherstraße ruhiger geworden. Das Tor, das einst jungen Männern wie den Brüdern von Kamilla Guttmann den Zugang verwehrte, ist längst aus seinen Angeln gehoben. Aber seine Pfeiler stehen noch und erinnern an jene Jahre, als hier diverse „Engel" so manchen Mann zu Fall brachten.

Heike Thissen

So geht's zum Pfeiler:

Die Clemensstraße verbindet die Straße An der Untertrave mit der Böttcherstraße. Die Pfeiler, die einst ein Tor hielten stehen an dem Ende Richtung Böttcherstraße.

MUSIKEN
IN
St.MARIEN

16

Wandnische

Symbole für ganz besondere Musik

D ie Nische fällt auf. An der Ecke Breite Straße / Marienkirch-hof befindet sie sich an einem Hauseck, und an ihrer Wand sind drei goldene Symbole angebracht: ganz links ein Halb-mond, dessen Spitzen nach links zeigen, in der Mitte ein stilisiertes Dach, das sich über ein *M* spannt und von einem Bischofs-kreuz gekrönt wird. Ganz rechts sind drei Orgelpfeifen zu sehen. Unter den Symbolen befindet sich der Schriftzug *Musiken in St. Marien*. Der Zusammenhang mit der berühmten Konzertreihe liegt also nahe.

Aber was haben die Symbole zu bedeuten? Bleibt man eine Weile neben der Nische stehen und fragt Passanten, bekommt man Schul-terzucken und Antworten wie „Das ist mir ja noch nie aufgefallen" oder „Wahrscheinlich irgendwas mit St. Marien". Logisch wäre eine symbolische Darstellung der Konzertreihe „Abendmusiken": Der Mond könnte für den Abend stehen, die Orgelpfeifen für die Musik. Eine Nachfrage beim Stadtarchiv bestätigt diese These. Auch das dritte Symbol in der Mitte ist erklärbar: Es ist das Symbol für St. Marien. Ein kleines Relikt, das auf ein großes Ereignis hinweist, denn die Abend-musiken sind in Lübeck ausgesprochen beliebt und bekannt.

Eingeführt wurden sie vermutlich von Franz Tunder (1614-1667), der ab 1641 Organist an der St. Marienkirche war. Er wurde von den Lübecker Kaufleuten beauftragt, Orgelkonzerte aufzuführen, die Tun-der später durch Gesang und Streichinstrumente erweiterte. „Tunder war wirklich deutschlandweit berühmt, und da sagten die Kaufleute: Wenn wir schon so einen berühmten Musiker haben, dann soll er nicht nur zum Gottesdienst spielen", erklärt Ilona Auschra, die sich intensiv mit der Geschichte der Abendmusiken beschäftigt hat. „Die Auffüh-rungen waren für die Bürger kostenlos, die Reichen, die auch entspre-chend Stiftungen machten, durften auf dem Lettner sitzen."

Tunders Nachfolger als Organist an der St. Marienkirche war der beekannte Orgelvirtuose Dieterich Buxtehude (1637-1707), der als

Die Nische mit den rätselhaften Zeichen.

einer der wichtigsten Orgelmeister und Komponisten vor Johann Sebastian Bach (1685-1750) gilt. „Buxtehude, der übrigens eine Tochter seines Vorgängers heiratete, verlegte die Konzerte von unter der Woche und gewöhnlichen Tagen auf den Kirchenjahreswechsel, also auf die fünf Sonntage vor Weihnachten, und gab den Konzerten so zusätzliche Bedeutung", erklärt die Stadtführerin.

1705 war ein besonderes Jahr für die Abendmusiken, weil Bach Buxtehude besuchte, um „den dasigen berühmten Organisten an der Marienkirche Diedrich Buxtehuden zu behorchen". Bach sei zu Fuß gekommen, 456 Kilometer weit, und drei Monate geblieben, sagt Ilona Auschra. Der Grund für den Bach-Besuch: „Im Dezember 1705 gab es zwei Abendmusiken in Folge. Der Kaiser war in diesem Jahr gestorben und wir waren schon immer sehr kaisertreu hier in Lübeck", erzählt sie. „Der Nachfolger war auf den Thron gekommen und da gab es eine Abendmusik aus Trauer für den verstorbenen und eine als Jubelmusik für den neuen Kaiser." Das sei ein besonderes Ereignis gewesen, das Bach unbedingt hören wollte. „Und man nimmt sogar an, dass diese zwei Abende für Bach grundlegend für sein Weihnachtsoratorium waren. Das ist eine Vermutung, aber eine sehr naheliegende." Diese beiden besonderen Abendmusiken waren einerseits das „Castrum doloris leopoldo", was übersetzt „Schmerzenslager" zum Gedenken an den verstorbenen Kaiser Leopold I. (1640-1705)

Ilona Auschra an einer Gedenktafel für Dietrich Buxtehude auf der Nordseite der Marienkirche. Die Schreibweise des Namens beinhaltet eine Abweichung.

bedeutet, und andererseits das „Templum honoris Josepho I.", der „Ehrentempel" zur Feier der Thronbesteigung des Nachfolgers Joseph I. (1678-1711). Die Textbücher zu beiden Musiken sind noch erhalten. Ebenso erhalten ist das Textbuch des Nachfolgers von Buxtehude, Johann Christian Schieferdecker (1679-1732) aus dem Jahr 1714, in dem steht: „Der königliche Prophete David als ein Fürbild Unsers

Heylandes wird in einem Oratorio bey bevorstehender gewöhnlichen Abend-Music in der Kirchen zu St. Marien ... vorgestellt von Johann Christian Schieferdecker."

Die Abendmusiken wurden ununterbrochen bis 1810 aufgeführt. Zu dieser Zeit war die Stadt während der Napoleonischen Kriege (1792-1815) von den Franzosen besetzt, 1806 nach der Schlacht von Lübeck sogar geplündert worden und wurde 1811 eine „bonne ville de l'empire français", also eine französische Stadt im französischen Kaiserreich. Auch die Seeblockade von 1806 bis 1814, Kontinentalsperre genannt, machte der Stadt schwer zu schaffen, weshalb die Konzertreihe nicht mehr finanziert werden konnte. Denn Napoleon Bonaparte (1769-1821) versuchte mit einer Blockade englischer Schiffe und Güter die britische Wirtschaft und damit seinen Rivalen, das britische Empire, in die Knie zu zwingen. Die Blockade hatte natürlich auch erhebliche Auswirkungen auf die kontinentaleuropäische Wirtschaft und die Versorgungslage gerade der Küstenstädte, also auch Lübecks. 1811 konnte kein einziges Schiff in Lübeck anlegen. Auch hatte sich der Geist der Bürgerschaft etwas gewandelt, war es doch die Zeit der Aufklärung – und die Musiken waren zwar konzertante, aber dennoch kirchliche Stücke. Und noch ein weiterer Aspekt kam hinzu: „Man hat festgestellt, dass hier, weil es eben dunkel war, die leichten Damen in den Ecken ihre Dienste anboten", sagt Ilona Auschra. Das war dem Ruf der Abendmusiken natürlich nicht zuträglich.

Wiederaufgenommen wurde die Tradition der Lübecker Abendmusiken im Jahre 1929 von Walter Kraft (1905-1977), der zu dieser Zeit die Organistenstelle an St. Marien übernahm. Ilona Auschra ist darüber ausgesprochen froh, denn wie alle Lübecker liebt sie die Abendmusiken. Ohne diese würde der Marienkirche einfach etwas fehlen. Auch daran erinnert die kleine Nische am Hauseck.

Eva-Maria Bast

....

So geht's zur Wandnische:

Sie befindet sich am Eck Breite Straße / Marienkirchhof.

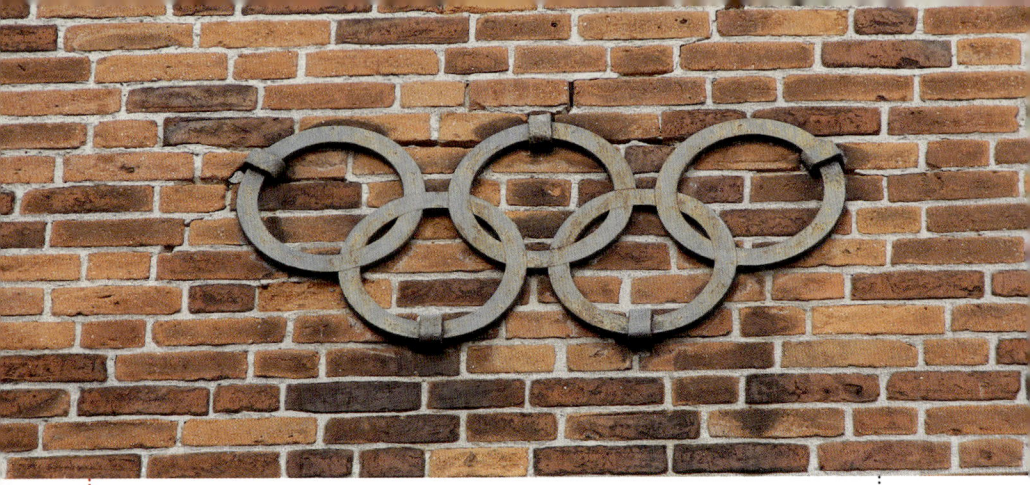

Das olympische Symbol an der Fassade der Stadtschule in Travemünde.

17

Olympiaringe
Bleibende Erinnerung an 1936

Fünf eiserne, ineinander verschlungene Ringe zieren den Giebel der Travemünder Stadtschule. Doch kaum jemand nimmt sie je wahr. Wer direkt neben dem Gebäude steht, muss den Kopf weit in den Nacken legen, um einen Blick auf sie zu erhaschen. Und dem, der auf der anderen Straßenseite steht, versperrt im Sommer das Laub der Bäume den ungehinderten Blick. Doch wer sie im obersten Teil des Giebels entdeckt, fragt sich unweigerlich: Warum hängt das olympische Symbol ausgerechnet hier, an einer Schule mitten im Ostseebad? Wolf-Rüdiger Ohlhoff gehört zu denen, die die Antwort auf diese Frage kennen.

„Die Ringe sind ein Verweis auf das Jahr, in dem das Schulgebäude fertiggestellt wurde", sagt er. „Wer genau hinsieht, erkennt unter ihnen die Jahreszahl 1936. Aber die einzelnen Ziffern sind so weit voneinander entfernt angebracht, dass man sie kaum als Einheit wahrnimmt." Weil im gleichen Jahr in Berlin die Olympischen Sommerspiele stattfanden, nutzten die Nationalsozialisten das Schulhaus, um an dessen Fassade auf das anstehende internationale Sportereignis hinzuweisen.

Dass sich die Gelegenheit dazu bot, lag am maroden Zustand des Vorgängerbaus. Ab 1934 ging man in Travemünde an die Planung eines Neubaus, bevor am 6. Mai 1935 der Grundstein gelegt wurde. Am 17. Oktober 1935 feierten Schüler, Lehrer und Bevölkerung die Einweihung des neu erstellten Gebäudes, das dann wenige Monate später vollständig fertig war. „Als das Schulhaus erbaut wurde, lag der Zweite Weltkrieg ja noch in weiter Ferne. Und doch war der Keller bereits als Luftschutzraum ausgebaut", erklärt Ohlhoff die Besonderheiten des Gebäudes. Und nicht nur im Untergeschoss hinterließen die Nationalsozialisten ihre Spuren. Was heute nicht mehr zu sehen ist: Die runden Fenster, in denen heute Kreuzsprossen das Glas halten, zierten einst Hakenkreuze.

Wolf-Rüdiger Ohlhoff steht vor der Stadtschule in Travemünde. Bei genauem Hinsehen lassen sich an der Fassade hinter ihm oben die olympischen Ringe erkennen.

Darüber erinnern die Ringe an die ersten Olympischen Spiele, die in einer Diktatur stattfanden. Die Entscheidung, die Sportveranstaltung nach Deutschland zu vergeben, war bereits 1931 zu Zeiten der Weimarer Republik getroffen worden, also bevor die Nationalsozialisten in Deutschland an die Macht kamen. Obwohl sie sich anfangs gegen Olympische Spiele im eigenen Land ausgesprochen hatten, erkannten sie in ihnen bald die einmalige Gelegenheit zur Selbstdarstellung anhand eines Weltereignisses. Die Olympiade sollte so perfekt organisiert sein, dass sich die Menschheit noch lange an sie erinnern würde. Das, davon waren die Organisatoren überzeugt, würde sich positiv auf das Ansehen Deutschlands und seiner Machthaber auswirken.

Wesentlich bekannter als die olympischen Ringe an der Fassade der Stadtschule ist das Hochrelief aus Eichenholz über dem Eingang.

Wesentlich bekannter als der Verweis auf Olympia 1936: das Holzrelief der beiden lernenden Kinder.

„Junge und Mädchen bei den Schulaufgaben" heißt es und zeigt zwei Kinder mit Buch und Schiefertafel, die offenbar fleißig lernen. Es stammt von dem Travemünder Bildhauer Erich Prüßing (1911-1943), der es 1935 schuf. Das Holz, das ihm hierfür zur Verfügung gestellt wurde, war etwas Besonderes, nämlich acht mehr als 400 Jahre alte Eichenbalken, die bei einem Umbau aus den Türmen des Holstentores entfernt worden waren.

So sind mit dem Holzrelief, der Jahreszahl und den eisernen Ringen drei Elemente aus dem Jahr 1936 an der Fassade der Stadtschule verblieben. An die Nationalsozialisten denkt beim Anblick des Olympischen Symbols wohl kaum einer von denen, die es entdecken. Und auch Schulleiter Michael Cordes ist überzeugt, dass der olympische Gedanke sehr positiv besetzt ist. „Olympia steht für Leistungsfreude, Teamgeist, Toleranz, Respekt, Völkerverständigung und Verantwortungsbewusstsein", sagt er. Und diese Tugenden seien in einer Bildungseinrichtung wie der Stadtschule genau an der richtigen Stelle.

Der friedliche Wettstreit der Nationen war nicht das, was die Nationalsozialisten im Sinn hatten, als sie die Ringe an der Fassade und die Hakenkreuze in den Rundfenstern anbringen ließen. Und dennoch hat sich der wahre olympische Gedanke schlussendlich durchgesetzt.

Heike Thissen

So geht's zu den Olympiaringen:

Sie sind am Giebel rechts des Haupteingangs der Stadtschule in Travemünde zu sehen. Die Schule steht im Hirtengang 10.

Die Teufel heizen den Betenden kräftig ein.

Die Hölle

Eine teuflische Sache

Waren Sie schon mal in der Hölle? Nein? Im Fegefeuer auch nicht? Vielleicht haben Sie es nur noch nicht bemerkt, denn wenn Sie in Lübeck sind, ist die Wahrscheinlichkeit, durchs Fegefeuer zu gehen oder in die Hölle zu geraten, ziemlich groß. Die angenehme Nachricht ist: Die Chancen stehen gut, hier auch ins Paradies zu gelangen. Das Fegefeuer ist nämlich eine Straße, die den Domkirchhof mit der Mühlenstraße verbindet, und die Hölle zweigt davon ab. Christian Martin Lukas, Leiter der Tourist-Info, macht die Folgerichtigkeit des Ganzen klar: „Wenn man von der Stadt kommt und in Richtung Dom geht, also in Richtung Gotteshaus, muss man schlüssiger Weise durchs Fegefeuer. Wenn es dumm läuft, muss man dabei in die Hölle einbiegen." Die ist eine Sackgasse. Wer das Fegefeuer hingegen erfolgreich durchschreitet, landet am Dom, genauer: am Seitenportal, das „Paradies" heißt.

Das Lübecker Feuer lodert übrigens schon eine Weile, es ist ab 1324 als Veghevur (Fegefeuer) erwähnt und seit 1852 amtlicher Name der Straße. Und die Bezeichnung „Hölle" für die abzweigende Sackgasse entstand möglichweise, weil der kleine Platz in der Straße angeblich vom Teufel höchstselbst gepflastert worden sein soll, nämlich von einem Arbeiter namens Dübel. Das zumindest ist dem Buch *Warum der Kohlmarkt Kohlmarkt heißt* zu entnehmen, unter Bezugnahme auf die *Vaterstädtischen Blätter*, in denen das um 1900 gestanden haben sollen.

Wer in die Hölle einbiegt, wird davon durch ein – wenn auch etwas hoch hängendes – Schild in Kenntnis gesetzt. Geschaffen hat es der Künstler Otto Mantzel (1882-1968). Zu sehen sind über der Inschrift *Hölle* zwei Teufel, die damit beschäftigt sind, armen, in einem Kessel sitzenden Betenden gehörig einzuheizen. Denn unter dem Kessel brennt ein Feuer. Der eine Teufel sorgt mit dem Blasebalg, der andere mit einer Feuergabel dafür, dass es den im Kessel Befindlichen möglichst heiß wird.

Das Schild mit der Aufschrift „Hölle" hängt weit oben, aber Christian Martin Lukas gibt alles, um es zu erreichen.

Christian Martin Lukas kommt auch ins Schwitzen, wenn er sich in der Hölle befindet. Aber nur deshalb, weil er sich vor Ort in mehreren Luftsprüngen übt, um auf Augenhöhe mit dem – wie schon gesagt – sehr hoch hängenden Schild zu kommen.

Eva-Maria Bast

So geht's zur Hölle:

Sie biegt vom „Fegefeuer" ab. Dieses verläuft zwischen dem Domkirchhof und der Mühlenstraße.

Lübecks ehemaliger Bürgermeister Michael Bouteiller
hat das Überbleibsel aus der Nazizeit entdeckt.

19

Halbes Hakenkreuz

Zertrümmerung eines dunklen Symbols

D er Schmied haut mit Kraft drauf. Er ist erfolgreich: Das
Hakenkreuz ist schon halb zerbrochen. „Doch eigentlich",
sagt der ehemalige Bürgermeister Michael Bouteiller,
„war es andersherum gedacht. Der Schmied, der mit weiteren Handwerkern auf der Tür zum Ratskeller abgebildet ist, sollte
das Hakenkreuz schmieden." Und das tat er viele Jahre lang auch. Dass
es heute nur noch halb zu sehen ist, liegt schlicht und einfach daran,
dass man nach der Zeit des Nationalsozialismus die Hakenkreuze wieder entfernte. „Sehen Sie, das ist nur halb gelungen", sagt Michael

Bouteiller und zeigt auf die Stelle. Denn daran, dass es im Nationalsozialismus überall Hakenkreuze in der Stadt gab, kam man auch in Lübeck nicht vorbei. Aber immerhin konnte der Besuch Adolf Hitlers (1889-1945) verhindert werden.

Dabei hatte die NSDAP-Kreisleitung im Oktober 1932 noch so optimistisch verkündet: „Adolf Hitler kommt nach Lübeck." Die Nazis reagierten auf die Nachricht mit donnerndem Applaus. Am Mittwoch, 26. Oktober, sollte es so weit sein. Der „Führer" wollte seinen braunen Brüdern den Rücken stärken. Die waren zwar in der vorangegangenen Wahl nicht ganz ohne Erfolg gewesen. Ein Problem gab es allerdings: Es fand sich kein Platz, an dem Hitler hätte sprechen können. Deshalb trat er im nahegelegenen Schwartau auf.

Der Schmied zertrümmert das Hakenkreuz, das er einst schuf.

Häufig wird die Version kolportiert, der sehr von der SPD geprägte Senat, der Bürgermeister und der Polizeisenator hätten den Auftritt bewusst verhindert. Und Hitler sei darüber so verärgert gewesen, dass er fünf Jahre später „die Aufhebung der über 700 Jahre alten staatlichen Selbständigkeit der Hansestadt befahl", wie das Archiv der Hansestadt Lübeck schreibt, das die Geschichte aber ganz klar in den Bereich der Legende einordnet. „Das Ende des Lübecker Staats 1937 war nicht die Rache Hitlers für das angebliche Redeverbot im Oktober 1932.

Dahinter standen ganz andere Gründe, vor allem ein Kompensationsgeschäft mit Staatsgebieten zwischen Hamburg und Schleswig-Holstein." Und dass es mit dem Hitlerbesuch nichts wurde, habe eher an der NSDAP gelegen. Vorgeschlagen worden sei seitens der Stadt der „Buniamshof und (der) Schaustellerplatz zu den allgemein üblichen Sicherheitsbedingungen und Gebühren". Die allerdings seien der Partei zu teuer gewesen, ebenso habe sie den von der Polizei geforderten Zeltbau abgelehnt, später in Schwartau aber diesbezüglich keine Probleme gemacht. „Stattdessen machten die örtlichen NSDAP-Vertreter abenteuerliche Vorschläge für den Ort der Rede, darunter zwei Holzlagerschuppen im Hafen. Polizeiamt und die

fragliche Firma lehnten aber wegen der großen Brandgefahr dort ab",
ist dem Bericht zu entnehmen.

Und weiter: „So vertaten die Nationalsozialisten die ohnehin
knappe Zeit. Um aus der durch Desorganisation selbst verschuldeten
Lage herauszukommen, half kurz vor der
Hitler-Reise dann nur noch die Verlegung
des Versammlungsorts nach Schwartau
auf den Riesebusch. Dort ließen sie ein
großes Zelt aufstellen, etwas, was sie in
Lübeck abgelehnt hatten." Vielleicht habe
man „die Sicherheitsauflagen für die
beantragte Versammlung weit ausgelegt",
zu belegen sei dies aber nicht. „Die für die
Versammlung verlangten Gebühren ent-
sprachen den allgemein üblichen Bedingungen, wie die damaligen
Polizeibeiratsprotokolle im Archiv der Hansestadt belegen", ist in dem
Bericht zu lesen.

„Doch eigentlich war es andersherum gedacht. Der Schmied, der mit weiteren Handwerkern auf der Tür zum Ratskeller abgebildet ist, sollte das Hakenkreuz schmieden."

Will heißen: Dass Hitler Lübeck mit seiner Abwesenheit beehrte,
ist zwar erfreulich, aber wirklich verhindert wurde sein Besuch eher
von den Nationalsozialisten, die sich selbst im Weg standen. Wie auch
immer – Hitler kam nicht nach Lübeck. Hakenkreuze natürlich schon.
Aber wie überall wurden sie nach der Nazizeit zumindest weitgehend
entfernt. Ob es korrekt gewesen wäre, dem Schmied sein Werkstück
ganz zu entreißen, darüber lässt sich streiten. Irgendwie ist es ja auch
eine interessante Symbolik, dass der Mann seitdem ein Hakenkreuz
zertrümmert!

Eva-Maria Bast

So geht's zum halben Hakenkreuz:

Es befindet sich an der Tür zum Ratskeller, Markttwiete 13.

Grabgitter

Eiserner Schutz vor gefräßigen Dieben

Auf den ersten Blick fällt es gar nicht unbedingt auf. Doch ein schmiedeeisernes Gitter umgibt das Grab auf dem Burgtorfriedhof, das bis vor Kurzem der Familie Zerrener gehörte. Weil es bereits ziemlich mitgenommen und ein bisschen windschief aussieht, kommt es unscheinbar daher, seine Funktion erfüllt es allerdings noch immer: Der hüfthohe Zaun hält Eindringlinge ab, die sich dem auf dem Boden liegenden Grabstein nähern könnten. Doch warum ist ausgerechnet dieses Grab geschützt? Und weshalb klettert nicht einfach darüber, wer das unbedingt möchte?

„Das Gitter sollte nicht die Menschen abhalten, sondern die Schafe", sagt Wilfried Fick, ehemaliger Leiter des Bereichs Friedhöfe bei der Stadt. „Bis Ende des 19. Jahrhunderts war der Burgtorfriedhof mit Gras bewachsen und der Friedhofsverwalter hatte das Recht, seine Schafe dort weiden zu lassen." Das war praktisch und sparte Kosten: Nicht Menschen, die bezahlt werden mussten, sondern Tiere, die fressen wollten, kümmerten sich um die Friedhofspflege. Doch natürlich war den Schafen nicht zu vermitteln, dass sie sehr wohl das saftige Grün zwischen den Gräbern, auf keinen Fall aber den teuren Blumenschmuck *auf* ihnen fressen sollten. „Also gingen die Familien schleunigst dazu über, ihre Grabstätten mit schmiedeeisernen Gittern vor den gefräßigen Tieren zu schützen", erklärt Fick. Während heute nur noch eine Handvoll dieser Zäune auf dem Burgtorfriedhof zu finden ist, waren bis vor rund 100 Jahren viele Gräber derart geschützt.

So manche Lübecker Familie erkannte darin eine Möglichkeit, ihren Wohlstand zu zeigen. „Einige Gitter waren deshalb besonders aufwändig gestaltet und gearbeitet", hat der ehemalige Mitarbeiter der Stadt herausgefunden. Selbst als die Schafe längst auf andere Weiden umgezogen waren, blieben viele der Zäune bestehen und stellten unter Beweis, dass sich die jeweilige Familie eine individuell gestaltete Grabstätte leisten konnte. Wer auf dem rund acht Hektar großen Friedhof

Das schmiedeeiserne Gitter soll Eindringlinge abhalten. Dabei geht es nicht um die zwei-, sondern die vierbeinigen, die auf dem Burgtorfriedhof grasen durften.

an der Eschenburgstraße in einer der mehr als 8.600 Grabstätten begraben liegt, gehört zu den Familien, die man als „harten Lübecker Kern" bezeichnen könnte. „Es gibt sogar den Spruch, dass man alt eingesessene Lübecker daran erkennen kann, dass mindestens die beiden letzten Generationen auf dem Burtorfriedhof begraben liegen", erklärt Fick. Wer Wert auf eine prestigeträchtige Bestattung legt, ist hier genau richtig. Und das war schon immer so.

Schmiedekunst auf dem Friedhof.

„Ursprünglich bezeichnete man den Friedhof hier als allgemeinen Gottesacker vor dem Burgtor", sagt Wilfried Fick über die Anfänge. Eingeweiht am 19. Juli 1832, fand die erste Sargbestattung drei Tage später statt. Davor hatten die Kirchengemeinden die reichen Toten in der Kirche, die armen unter dem Pflaster draußen beigesetzt. Erst mit einer Choleraepidemie, die innerhalb von vier Monaten 782 Lübecker dahinraffte, setzte sich die Forderung nach einem Verbot von Beerdigungen in der Stadt sowie nach der Gründung des Burgtorfriedhofs durch. Um die Struktur der fünf Innenstadtgemeinden dort wenigstens ansatzweise beizubehalten, erhielt jede ein eigenes Quartier. Bis heute bestehen die Blöcke „Dom", „St. Aegidien", „St. Jacobi", „St. Marien" und „St. Petri" und sind entsprechend gekennzeichnet.

Dass der Gottesacker zwischen Eschenburgstraße und Travemünder Allee immer noch so sehenswert ist, verdankt er auch der Regelung, dass privilegierte Lübecker – dazu gehörten zum Beispiel Senatoren und Kaufleute – das Recht hatten, auf ihren Gräbern Mausoleen, Familiengruften oder Grabmale zu errichten. Wer also Geld hatte, konnte sich selbst nach dem Tod noch lange im Gedächtnis der Stadt verankern, indem er für eine entsprechende Grabstätte sorgte. „Die ersten, die von diesem Recht Gebrauch machten, waren Kaufmannsfamilien wie die Eschenburgs, die Possehls oder die Minlos", fährt Fick fort. Später kamen viele prominente Bürgerinnen und Bürger der Hansestadt hinzu. „Dazu gehören auch etliche Mitglieder der Familie Mann, wobei die beiden wichtigsten fehlen: Thomas Mann liegt in der Schweiz, Heinrich Mann in Berlin begraben." Insgesamt sind auf dem Friedhof mehr als 100 teilweise luxuriös gestaltete Grabdenkmäler zu finden.

Und was war mit den Lübeckern, die sich eine solche Grabstätte nicht leisten konnten? „Die durften auf ihren Gräbern anfangs keine Grabmale errichten", sagt der Friedhofsexperte. Erst später seien einfache gusseiserne Grabstöcke erlaubt worden, auf denen die Namen der Verstorbenen auf einer ovalen Porzellanplatte zu lesen waren. Bei Gräbern, in denen wegen Platzmangels bis zu neun Tote übereinander bestattet wurden, war das wichtig.

> *„Der Friedhofsverwalter hatte das Recht, seine Schafe dort weiden zu lassen."*

Die Schafe, die auf dem Friedhof weideten, interessierten sich natürlich nicht dafür, ob in den Gräbern Arm oder Reich beerdigt war. Für sie zählte der leckere Blumenschmuck, der entweder direkt dort wuchs oder aber von freundlichen Menschen abgelegt wurde und eine willkommene Abwechslung zum Gras bot. So lange, bis schmiedeeiserne Gitter sie davon abhielten, sich an den Grabstätten zu bedienen.

Heike Thissen

....

So geht's zum Grabgitter:

Das Grab mit dem schmiedeeisernen Gitter befindet sich auf dem Burgtorfriedhof in der Eschenburgstraße 20. Man findet es im Grabfeld „Dom" unter der Bezeichnung Dom-J-38-I/II.

21

Streitende Hunde

Am Ende freut sich immer der Dritte

Es passt wie die Faust aufs Auge, dass das Relikt, unter dem Thomas Arndt steht, als „Kämpferrelief" bezeichnet wird. Denn was dort über ihm am Bogendurchgang zwischen Breiter Straße und Marienkirchhof zu sehen ist, ist zweifelsohne ein Kampf. „Hier erkennt man, wie zwei Hunde sich um einen Knochen streiten. Daneben ist ein Narr zu sehen, der sich diebisch freut, und ein Justiziar, der nichts sieht, hört und sagt", erklärt der Stadtführer mit Blick nach oben. Er interpretiert das Kalksandstein-Relief dahingehend, dass dort die Redewendung „Wenn zwei sich streiten, freut sich der Dritte" dargestellt ist. „Das ist eines meiner liebsten Geheimnisse in Lübeck", sagt Arndt. Doch es ist nicht das Zähnefletschen der Tiere, auf das sich der Begriff „Kämpferrelief" bezieht, sondern vielmehr die Position, an der der Fassadenschmuck angebracht ist. Der Begriff „Kämpfer" bezeichnet den aus der Mauer ragenden Stein, der den Bogen trägt.

Gegenüber dem Relief mit den Hunden gibt es noch ein zweites. Beide stammen von dem Bildhauer Otto Mantzel (1882-1968), der sie 1930 anfertigte. Hierbei handelt es sich um frei interpretierte Kopien der Originale, die sich im St.-Annen-Museum befinden. „Sie beziehen sich auf die Streitigkeiten in der Lübecker Bevölkerung und die Prozesse, die Bürger gegeneinander anstrebten. Vor dem Hintergrund, dass sich nebenan der Sitz des Hohen Rates befand, der über diese Streitigkeiten juristisch urteilte, finde ich das sehr bemerkenswert", erklärt Thomas Arndt. Wenn sich die Bürger uneins waren, musste der Rat der Stadt ran – so könnte man verkürzt das Bild erklären.

„Sie beziehen sich auf die Streitigkeiten in der Lübecker Bevölkerung."

Auch auf der anderen Seite des Torbogens geht es auf dem Kämpfer um das Kämpfen. Dort stellte Mantzel das Strebkatzenziehen dar. „Dabei sehen wir zwei Kaufleute, die über ein Seil um ihre Hälse

Thomas Arndt mag das Relief mit den beiden streitenden Hunden sehr und bedauert, dass kaum jemand es beachtet.

Wenn zwei sich streiten, freut sich der Dritte: das Relief der Hunde, die sich zanken.

miteinander verbunden sind und sich gegenseitig über die Flammen in der Mitte ziehen wollen", interpretiert Arndt die plastische Darstellung. Damit sie einen besseren Halt haben, haben sie sich mit ihren Zähnen in Holzstücken verkeilt, die am Seil befestigt sind. Diese Form des Wettstreits war im 15. und 16. Jahrhundert in Deutschland und Skandinavien ein beliebter Zeitvertreib, der unter den Namen Strewkattentrecken oder auch Katzenstriegel bekannt war. Die Bezeichnung stammte vom Gebaren der beiden Kontrahenten, die sich gegeneinander wie zwei sich sträubende Katzen auflehnen.

Genauso wie die Hunde gegenüber verweist auch dieses Kämpferrelief mit seinem rohen Kräftemessen auf die Streitfälle, die im Rathaus als Gerichtssitz verhandelt wurden. Dass die Reliefs so unscheinbar sind und trotzdem so naheliegend, ist einer Gründe, warum sie Thomas Arndt so gut gefallen.

Heike Thissen

So geht's zu den streitenden Hunden:

Das Relief mit den Hunden, die sich um den Knochen streiten, gehört zum Lübecker Rathaus (Breite Straße 64). Es ist am Bogendurchgang zwischen Breiter Straße und Marienkirchhof zu sehen, von der Breiten Straße aus betrachtet rechter Hand.

Einst thronte er auf einem hohen Steinpodest und war schon von Weitem sichtbar. Heute steht der Fehlingstein am Rand des Brügmanngartens.

22

Fehlingstein

Abgeschoben auf die grüne Wiese

O bwohl er so groß ist, wird er von Passanten leicht übersehen: Der Fehlingstein am Rande des Brügmanngartens steht zwar eigentlich an exponierter Stelle, sieht dort aber doch weitgehend verloren aus. „Hier befindet er sich erst seit 2016", erklärt Wolf-Rüdiger Ohlhoff und legt respektvoll die Hand auf den Koloss mit der Bronzeplatte, die das Konterfei des Konsuls Hermann Fehling zeigt mit der Inschrift *Dem Förderer Travemündes Konsul Hermann Fehling im Juli 1908*. „Er hat eine richtige Odyssee durch Travemünde hinter sich." Fast so, als wolle ihn niemand haben, wird er seit Jahrzehnten in dem Kurort herumgereicht. Was man dem Stein heute nicht mehr ansieht: Einst gehörte er zu einem imposanten

Denkmal, das die Travemünder zu Hunderten bejubelten. Bei dem heute eher trostlosen Anblick, den er bietet, darf man durchaus fragen, wo diese Begeisterung geblieben ist.

„Als der Fehlingstein am 2. Juli 1908 an der Hafeneinfahrt eingeweiht wurde, stand er auf einem fast drei Meter hohen Steinpodest und war sowohl vom Wasser als auch vom Land von Weitem sichtbar. Zwei Treppen führten von links und rechts zu ihm hinauf, und zwei Bänke aus Stein boten zu seinen Füßen einen Rastplatz", geht Ohlhoff zurück in der Geschichte des Steins. Dass die Travemünder Fehling ein solches Denkmal setzten, überraschte Anfang des 20. Jahrhunderts niemanden, so wichtig war der Konsul für den Ort zu seinen Lebzeiten gewesen.

Wolf-Rüdiger Ohlhoff kennt die Geschichten aller großen Steine in Travemünde, nicht nur die des Mövensteins, auf dem er sitzt, sondern auch die des Fehlingsteins.

Hermann Wilhelm Fehling (1842-1907) zeichnete sich schon früh durch seine Ausdauer und seinen ökonomischen Weitblick aus und beteiligte sich bereits 1862 an der Gründung eines eigenen Handelshauses, das „Spedition und Kolonialwarengroßhandlung Piehl & Fehling" hieß und mit Kaffee und Getreide vor allem Richtung Finnland handelte. „Das war gar nicht so einfach damals, weil Fehling erst 20 Jahre alt war und erst einmal für mündig erklärt werden musste, bevor er Geschäftsmann werden konnte", erzählt der Travemünder amüsiert. Nicht nur wirtschaftlich, sondern auch politisch begann der Großkaufmann und so genannte Projektenmacher Fehling, die Geschicke Lübecks mitzugestalten (siehe Geheimnis 31). 1871 wurde er in die Bürgerschaft gewählt, war stellvertretender Wortführer des Gremiums und des Bürgerausschusses und gehörte drei Jahrzehnte seines Lebens der

Finanzdeputation an. Drei Jahre lang übernahm er auch politische Verantwortung für die lübeckische Kaufmannschaft als nationalliberaler Abgeordneter im Reichstag des Deutschen Kaiserreichs in Berlin.

Doch wenn Fehling so wichtig für Lübeck war, warum steht der Stein, der an ihn erinnert, dann ausgerechnet in Travemünde? Wolf-Rüdiger Ohlhoff kann die Frage beantworten: „Fehling verbrachte *„Er hat eine richtige Odyssee durch Travemünde hinter sich."* seine Sommer in Travemünde, weil er sich hier so wohl fühlte. Im Laufe der Jahre wurde er einer der wichtigsten Förderer, die das Ostseebad je hatte. Vielleicht war er sogar der wichtigste von allen." Nachdem er das Ostseehochwasser von 1872 und dessen Auswirkungen hautnah miterlebt hatte (siehe Geheimnis 34), schrieb Fehling es sich auf die Fahne, die Küsten seiner Heimatstadt und somit auch Travemündes befestigen zu lassen. Er initiierte 1883 den Lübeck-Travemünder Rennclub, der seine Pferderennen auf dem Strandgebiet am Priwall austrug, und rief mehrere Regatten auf der Ostsee ins Leben. Parallel dazu kümmerte er sich darum, dass der Staat 1898 die Seebadeanstalt kaufte und ausbaute. Und, von mindestens ebenso großer Bedeutung: Auf seine Initiative hin wurde das Brodtener Ufer aufgeforstet, sodass daraus eine der schönsten Promenaden der gesamten Ostseeküste wurde. Kurz: Er hauchte mit seinen Ideen und seiner Zielstrebigkeit Travemünde das Leben ein, das noch heute in diesem Ostseebad zu spüren ist. Das brachte ihm bereits 1890 den Titel des Ehrenbürgers ein. „Damit ist er mit Andreas Conrad Leyding einer von zweien", sagt Ohlhoff, „denn bis Travemünde im Jahr 1913 nach Lübeck eingemeindet wurde, kam kein weiterer hinzu."

So umtriebig, wie Fehling die Geschicke Lübecks und vor allem auch Travemündes mitgestaltete, verwundert es überhaupt nicht, dass seine Landsleute ihn verehrten. Sie widmeten ihm bereits 1871 eine Straße und wollten ihm im Jahr 1908, ein Jahr nachdem er an den Folge einer Darmoperation gestorben war, mit dem Fehlingstein an der Hafeneinfahrt ein immerwährendes Denkmal setzen. Hierfür gründeten 16 Bürger ein entsprechendes Komitee. Die Fotos der Presseberichterstattung von der Einweihung am 2. Juli 1908 zeigen Hunderte von Menschen in festlichem Gewand, die dem Konsul und dem vier

Kubikmeter großen Stein die Ehre erweisen. Doch im Laufe der Jahrzehnte scheinen Hermann Fehling und seine Verdienste für das Ostseebad nach und nach in Vergessenheit geraten zu sein. Jedenfalls wanderte der Stein erst von seinem hohen Podest hinab auf den Boden an der Travemünder Promenade, dann stand er neben dem Spaßbad Aqua-Top auf der grünen Wiese. Inzwischen ist er am Rand des Brügmanngartens gelandet. Ob das sein letzter Standort bleibt? Wolf-Rüdiger Ohlhoff weiß es nicht. „Selbst wenn es den Stein irgendwann nicht mehr geben sollte, erinnert immer noch der Name der Hermannshöhe am Brodtener Ufer an ihn", sagt er.

Und noch ein – zumindest literarisches – Denkmal gibt es für Hermann Fehling: In den *Buddenbrooks* von Thomas Mann (1875-1955) taucht er als Konsul Hermann Hagenström auf. Er raubt als derber Schuljunge Tony Buddenbrook einen Kuss, wofür sie ihn verabscheut, und bringt es später zum erfolgreichen Kaufmann, der das Haus der Buddenbrooks in der Mengstraße kauft. „Die legere und großzügige Art, mit der er Geld verdiente und verausgabte, war etwas anderes als die zähe, geduldige und von streng überlieferten Prinzipien geleitete Arbeit seiner kaufmännischen Mitbürger", schreibt Mann über Hagenström. „Dieser Mann stand frei von den hemmenden Fesseln der Tradition und der Pietät auf seinen eigenen Füßen, und alles Altmodische war ihm fremd." Wie Fehling zu dieser Ehre kam? „Als der Vater der Manns am 13. Oktober 1891 starb, wurde Fehling als einer der Vormunde der fünf Kinder, unter anderem des 16-jährigen Thomas, eingesetzt. Das war zehn Jahre, bevor die Buddenbrooks erschienen", sagt Ohlhoff.

Der Travemünder jedenfalls denkt gern an Hermann Fehling, wenn er an dem Stein vorbeikommt.

Heike Thissen

....

So geht's zum Fehlingstein:

Er steht in Travemünde im Brügmanngarten gegenüber dem Hotel A-Rosa an der Ecke, an der die Straße Am Brügmanngarten auf die Außenallee trifft.

Bernd Thurau kennt beide Begründungen für die Entstehung des Namens der Petersilienstraße.

23

Petersilienstraße

Von Manneskraft und unerwünschten Kindern

War es ein Kraut, das der seit dem 14. Jahrhundert als „Petersilienstrate" belegten Straße ihren Namen gab? Oder waren es die Damen des horizontalen Gewerbes? Es gibt beide Versionen. Der Lübecker Bernd Thurau sagt: „Die erste bezieht sich schlicht auf die Nutzung der Grundstücke als Gärten. Auch in anderen Städten wird diese Bezeichnung genutzt für Stadtbereiche, die weitgehend von Gartenwirtschaft geprägt waren."

Bei der zweiten Erklärung werde es etwas anrüchiger, denn die Petersilie könne auch als Euphemismus für Prostitution aufgefasst werden. Dem grünen Küchenkraut wird die Nutzung im ältesten Gewerbe der Welt deshalb unterstellt, weil es angeblich die Manneskraft stärkt. Aber nicht nur auf die Männlichkeit wirkt die Petersilie, mitunter auch spöttisch als Stehsalat verunglimpft, sondern auch – ähnlich wie Dill – als Unterstützung zur Abtreibung einer unerwünschten Leibesfrucht. Hierzu wurde aber meist der Petersiliensamen verwendet. In einem Kinderreim, der nicht ganz so harmlos ist, wie er scheint, wird das Ganze anschaulich verpackt: „Petersilie, Suppenkraut, wächst in unserm Garten, unser Liesel ist die Braut, soll nicht länger warten. Roter Wein, weißer Wein, morgen soll die Hochzeit sein."

„Auch in anderen Städten wird diese Bezeichnung genutzt für Stadtbereiche, die weitgehend von Gartenwirtschaft geprägt waren."

Bernd Thurau hält letztere Namensherkunft für wahrscheinlicher, und für diese Deutung spricht auch die Umgebung der Petersilienstraße im Maria-Magdalenen-Quartier. Schließlich handelte es sich hier um ein Seefahrerviertel. Neben den Seeleuten ließen es sich aber auch viele Reisende aus Nah und Fern in den unzähligen Gasthäusern schmecken. Und so manche Nacht wurde dort in den Herbergen verbracht. Historisch belegen könne man diese Deutung zwar nicht, doch Bernd Thurau sagt: „Manchmal ist es ja auch schön, wenn man etwas nicht zu 100 Prozent sicher weiß."

Eva-Maria Bast

So geht's zur Petersilienstraße:

Sie verläuft zwischen den Straßen An der Untertrave und Engelswisch.

Gerrit Bahr sitzt auf einer der Holzbänke vor dem Rathaus, die mit reich verzierten Beischlagwangen versehen sind.

Beischlagwangen
Praktische Sitzgelegenheit vor dem Haus

Was taten Lübecker Kaufleute in der Blütezeit der Hanse, wenn die Arbeit des Tages getan und genügend Geld verdient war? Sie genossen nicht etwa die Ruhe in einem idyllischen Garten – denn den besaßen die wenigsten von ihnen. Sie setzten sich vielmehr auf eine hölzerne Bank vor ihrem Haus und beobachteten, was auf der Straße vor sich ging. Und damit sie dabei nicht ihrerseits gesehen wurden, waren sie hinter einer so genannten Beischlagwange versteckt. Gerrit Bahr macht es wie die Kaufleute von damals und setzt sich auf eine der historischen Holzbänke vor dem Rathaus, um Passanten in der Breiten Straße zu beobachten. „Eigentlich

standen diese Bänke nicht parallel zur Rathauswand, sondern quer",
erklärt der Lübecker. „Ich kenne sie auch unter dem Namen Hochzeits-
bänke. Angeblich saßen hier nämlich die Patriziersöhne und warteten
darauf, dass sie eine Braut fanden."

Die mächtigen Beischlagwangen vor der Schiffergesellschaft sind nicht zu übersehen.

Da die Beischlagwangen am Ende der beiden Bänke einst Richtung Straße zeigten,
war es durchaus nachvollziehbar, dass sie
derartigen Schmuck trugen. Ursprünglich
bezeichnet ein so genannter Beischlag
eine zur Straße hin gewandte Terrasse an
einem Haus. Besonders verbreitet war er
an Nord- und Ostsee, wo die Kombination
aus Sitzbänken und Treppe den Eingang
und das Erdgeschoss der Wohnhäuser vor
eindringendem Hochwasser schützen
sollte. Beischlagwangen aus Stein oder
Bronze, wie sie heute noch vereinzelt in
Lübeck, zu Hauf jedoch in Danzig zu fin-
den sind, wurden gern als Schmuck neben dem Eingang des Beischlags
angebracht. Dort begrenzten sie die Sitzbänke, die sich dahinter befanden, und sorgten als Sichtschutz dafür, dass Passanten von der Straße
her keinen direkten Blick auf die Sitzenden werfen konnten. Für
Lübeck sind die ersten derartigen Sitzgelegenheiten für das Jahr 1333
belegt. In den darauffolgenden Jahrhunderten gehörten sie hier wie in
vielen anderen Städten zum Straßenbild.

Die Beischlagwangen am Rathaus sind nicht die einzigen, die es in
Lübeck noch gibt. Aber es sind mit Abstand die schönsten. Sie stammen vermutlich aus dem Jahr 1452 und sind aus Bronze gefertigt.
Linker Hand zeigen sie einen thronenden Kaiser mit den Reichsinsi-
gnien Krone, Zepter und Reichsapfel – vielleicht eine Anspielung auf
die Kaiserwahl von Friedrich III. (1415-1493) im selben Jahr, in dem
die Wangen gefertigt wurden. Auf der Wange auf der rechten Seite ist
ein wilder Mann mit stark behaarten nackten Beinen, Keule und
Reichsadler zu sehen. „Der erinnert vermutlich an die Reichsfreiheit
der Stadt und sollte verdeutlichen, dass sich Lübeck vor nichts fürchtete", interpretiert Gerrit Bahr die Figur. Das Privileg der Reichsfreiheit

hatte die Hansestadt im Jahr 1226 von Kaiser Friedrich II. (1194-1250) erhalten. Seither war sie ihm direkt unterstellt, was ihr dauerhaft bestehende Rechte und Ansprüche auf Gebiete sicherte.

Weniger reich geschmückt sind die Beischlagwangen vor der Schiffergesellschaft. Diese sind nicht aus Bronze, sondern aus Stein, und stammen aus dem 16. Jahrhundert. Sie trugen ebenfalls einst Sitzbänke, als das Gebäude noch als Kompagniehaus der Schiffer diente. Später waren sie frei aufgestellt, wie alte Fotografien zeigen. Heute sind auf ihnen Schiffsszenen und der Sinnspruch *Allen zu gefallen, ist unmöglich!* zu sehen. Und noch ein für Beischlagwangen typisches Detail lässt sich hier entdecken: ein kleines unscheinbares Loch, in dem einst ein eiserner Ring befestigt war, an dem Gäste der Schiffergesellschaft ihre Pferde anbanden.

> *„Ich kenne die Bänke mit den Beischlagwangen auch als Hochzeitsbänke.“*

Zunächst ersetzten die Beischlagwangen die fehlenden Gärten. Doch als es sich die reicheren Kaufleute leisten konnten, ihre Sommer in der freien Natur zu verbringen, verloren die Beischläge ihre Bedeutung. Im 19. Jahrhundert dann fielen die meisten von ihnen dem zunehmenden Verkehr und der damit verbundenen Verbreiterung der Straßen zum Opfer.

Umso schöner ist es, dass sich Besucher und Einheimische auf den Holzbänken mit den Beischlagwangen vor dem Rathaus noch heute ausruhen und ihrer Neugierde freien Lauf lassen können. Wie gut dabei die Chancen stehen, eine geeignete Braut oder einen Bräutigam zu finden, weiß auch Gerrit Bahr nicht.

Heike Thissen

So geht's zu den Beischlagwangen:

Zwei besonders schöne Exemplare der Beischlagwangen sind links und rechts des Rathaus-Eingangs in der Breiten Straße 62 zu sehen. Auch vor der Schiffergesellschaft (Breite Straße 2) sind noch zwei Exemplare erhalten.

Britta Dittmann blickt aufmerksam auf die vergessene weiße Tafel. Sie kennt die spannende Geschichte dahinter.

25

Tafel

Thomas Mann sollte vergessen werden

Das Buddenbrookhaus in Lübeck ist ein Touristenmagnet. Unzählige Menschen strömen hinein – voller Neugier auf das Gebäude, in dem die Familie von Thomas Mann einst lebte und auf die Familie, die seinem berühmten Roman *Buddenbrooks* als Vorlage diente. Der in den Stein gearbeiteten Tafel, die sich links der Eingangstür im Torbogen befindet, schenkt dabei kaum jemand Beachtung und auch nicht dem Mann, dem sie gewidmet ist: Brun Warendorp (gest. 1369). Wer dieser Mann war, was er – obwohl er im Mittelalter lebte – mit den Nationalsozialisten zu tun hat (besser gesagt: sie mit ihm) und wie das alles in Verbindung mit der Familie Mann steht, das weiß Britta Dittmann, Leiterin von Archiv und Bibliothek des Buddenbrookhauses. „Thomas Mann hat sich ja gegen den Nationalsozialismus gewandt. Den Nazis war er deshalb von vornherein ein Dorn im Auge", beginnt sie die Geschichte zu erzählen. Als die Nationalsozialisten im Lübecker Generalanzeiger vom 14. Mai 1933 die Bevölkerung dazu aufriefen, „undeutsche" Literatur abzugeben, damit sie am Buniamshof verbrannt werden konnte, wurde Thomas Mann ausdrücklich erwähnt: „ (…) Die Aktion gegen undeutsche Literatur richtet sich aber nicht nur gegen die zersetzenden Schriftsteller einer fremden Rasse, sondern vielmehr ebenso scharf und rücksichtslos gegen die Schriftsteller des eigenen deutschen Volkes, die in der erbärmlichsten schlimmsten Weise alles Deutsche herunterreißen und beschimpfen, sei es durch Wort oder Schrift. (...) Das Interesse des deutschen Volkes und die Sorge um das Schicksal der deutschen Jugend, der kommenden Generation kennt keine Kompromisse! Aus diesem Grunde lehnen wir beispielsweise auch den Lübecker Schriftsteller Thomas Mann ab, trotzdem einige seiner Bücher geduldet werden können."

Drei Jahre später, im Dezember 1936, wurde Thomas Mann die deutsche Staatsbürgerschaft aberkannt, 1938 emigrierte er in die USA. Ab 1940 sprach er über den Radiosender der BBC zu den Deutschen, was man in der Führungsebene der Nationalsozialisten sehr wohl zur Kenntnis nahm. Reichsminister Joseph Goebbels (1897-1945) hat sich dazu in seinem Tagebuch geäußert: „Thomas Mann hält in deutsch eine Rede von USA an unser Volk. Sie ist so blöde, daß sie gar keiner Erwiderung wert ist. Dieser verkommene und wurmstichige Literat hat ja auch seit 1914 so viele politische Metamorphosen durchgemacht, daß er wohl kaum noch irgendwo ernst genommen wird."

„Thomas Mann war also ein No-Go", bringt es Britta Dittmann auf den Punkt. „Und da wollte man die Erinnerung an ihn in Lübeck natürlich auslöschen." Ihn totzuschweigen und dem Haus, das so sehr an ihn erinnerte, eine andere Geschichte zu geben, war die Devise der

Nazis. „Sie haben sich auf die Suche nach einem Namen gemacht, der mit dem Haus in Verbindung stand und der in ihre Ideologie passte, und stießen auf Warendorp, Sohn einer bedeutenden Familie, die viele Bürgermeister gestellt hatte und der selbst auch Bürgermeister gewesen war." Der kam gerade recht, hatte er doch im 14. Jahrhundert im Haus in der Mengstraße 4 gewohnt und in den Kriegen gegen König Waldemar IV. von Dänemark (um 1321-1375) gekämpft, der ab 1360 eine massive Expansionspolitik betrieb.

„In den Adressbüchern von 1939 ist das Haus in der Mengstraße 4 als Warendorphaus bezeichnet."

Warendorp eignete sich damit bestens als Kriegsheld, zumal er auch noch bei der Belagerung von Helsingborg 1369, ein Jahr vor dem Frieden von Stralsund 1370, fiel.

Der Denkmalrat der Stadt Lübeck tagte hierzu am 17. Februar 1936, dem Protokoll ist zu entnehmen: „Am Buddenbrook-Haus soll eine Gedenktafel für den Bürgermeister Brun Warendorp errichtet werden. Dem Bauamt zur Veranlassung." Im Jahr 1940 erscheint im Jahrbuch der Stadt Lübeck ein Artikel mit dem Titel *Sieben Bürgermeister, Politische Führerpersönlichkeiten aus der Vergangenheit Lübecks.* Der Historiker Ahasver von Brandt (1909-1977) schreibt: „Im ersten dänischen Kriege war Brun – noch nicht Mitglied des Rates – Führer einer Söldnertruppe; hier wird er sich die kriegerischen Erfahrungen erworben haben, die ihn dann zum Führer der hansischen Streitmacht geeignet erscheinen ließen. Kurz nach dem unrühmlichen Ende des ersten Krieges, das der Bürgermeister Johann Wittenborg mit dem Verlust des Hauptes büßen mußte, wurde Brun in den Rat gewählt." Und weiter: „Für das hohe Ansehen, das er sich erworben haben muß, spricht die Fülle der Geschäfte, die ihm alsbald übertragen worden sind, spricht auch der Umstand, daß er spätestens zwei Jahre nach der Ratswahl bereits Bürgermeister wurde. Er begegnet 1366-68 als Prozeßbevollmächtigter der Stadt, als Ratssendebote in Grevesmühlen, in Stralsund, mehrfach in Rostock, beim Herzog von Mecklenburg, seit 1368 als Flottenführer vor Kopenhagen, dann wieder in Lübeck auf dem Hansetag von 1368 und noch im Frühjahr 1369, schließlich als Anführer vor Helsingborg, wo er den Tod fand – die näheren Umstände seines Endes sind unbekannt."

Thomas Mann erfuhr im Exil, dass das Buddenbrookhaus in Lübeck umbenannt worden war, allerdings hörte er, es sei nach Jürgen Wullenweber (geb 1492/93), einem Bürgermeister aus dem 16. Jahrhundert, benannt worden. Er wandte sich über die BBC im April 1942 an seine „Deutsche(n) Hörer: An Ort und Stelle freilich heißt es schon längst nicht mehr das ‚Buddenbrook-Haus'. Die Nazis, verärgert darüber, daß immer die Fremden noch danach fragen, haben es umgetauft in ‚Wullenweber-Haus'. Das dumme Gesindel weiß nicht einmal, daß ein Haus, das den Stempel des achtzehnten Jahrhunderts an seinem Rokokogiebel trägt, nicht gut mit dem verwegenen Bürgermeister des sechzehnten etwas zu tun haben könnte. Jürgen Wullenweber hat seiner Stadt durch den Krieg mit Dänemark viel Schaden zugefügt. Und die Lübecker haben mit ihm getan, was die Deutschen denn doch vielleicht eines Tages mit denen tun werden, die sie in diesen Krieg geführt haben. Sie haben ihn hingerichtet."

Als Mann zu seinen Hörern sprach, hieß das Haus schon ein paar Jahre lang nicht mehr Buddenbrook-, allerdings auch nicht Wullenweber-, sondern Warendorphaus. „In den Adressbüchern von 1939 ist das Haus in der Mengstraße 4 als Warendorphaus bezeichnet", sagt Britta Dittmann. „Man hat also versucht, den Namen Mann aus dem Gedächtnis der Lübecker zu verbannen, aber wirklich gelungen ist das nicht." Allein: Das Schild ist immer noch da. Und wird kaum beachtet. Was auch daran liegt, dass es hinter dem Türflügel verschwindet, wenn die Tür (wie meistens in der wärmeren Jahreszeit) offen steht. Bekannt ist das Haus heute jedenfalls jedem als Buddenbrookhaus.

Eva-Maria Bast

So geht's zur Tafel:

Sie befindet sich am Eingang des Buddenbrookhauses links im Torbogen. Das Haus steht in der Mengstraße 4.

26

SPQL

Kreativ interpretierte Inschrift

Angeblich passiert es immer wieder, dass Besucher, die das erste Mal in ihrem Leben vor dem Holstentor stehen, staunend sagen: „Das gibt es ja wirklich!" Bis dato kannten viele es nur vom alten 50-DM-Schein, einer Briefmarke oder von den Verpackungen des Niederegger Marzipans (siehe Geheimnis 04). Umso mehr sind sie vom Original beeindruckt und inspizieren es aufmerksam. Dabei stoßen sie auf der Stadtseite des Bauwerks auf vier Buchstaben, die sich Auswärtigen auf den ersten Blick nicht so recht erschließen wollen: *SPQL*.

„Wir Lübecker wissen natürlich, dass die Buchstaben für *Senatus popolusque Lubecensis* stehen, also für *Senat und Bürger von Lübeck*", erklärt Wilfried Fick. Das *SPQL* hatten sich die Hanseaten 1871 bei der Erneuerung ihres Wahrzeichens beim Hoheitszeichen des antiken Roms abgeschaut, dem *SPQR* – Senat und Bürger von Rom. Im Gegensatz zu vielen anderen kennt der ehemalige Friedhofsverwalter aber auch andere Versionen der Abkürzung: „Schon kurz nachdem die Buchstaben am Holstentor angebracht waren, machten sich die Lübecker darüber lustig. Sie nahmen die Buchstaben SPQL und dichteten ‚Senator Plitt quält Lübeck'", erklärt er vor dem Grab, in dem eben jener Heinrich Gustav Plitt (1817-1879) einst begraben lag. Was hatte er verbrochen, dass er solchem Hohn ausgesetzt war? Plitt sei ab 1866 Polizeisenator gewesen, erzählt Fick, und habe qua seines Amtes als oberster Ordnungshüter Regeln und Verbote durchsetzen müssen, unter denen die Lübecker zu leiden hatten und die ihnen deshalb nicht gefielen. „Deshalb haben sie die Inschrift zu seinen Ungunsten umgedichtet." Damit war die Kreativität der Lübecker aber noch lange nicht erschöpft. Im Gegenteil: Seither hat im Volksmund nicht nur Senator Plitt Lübeck gequält, sondern auch „Senator Possehl" oder „schlechtes Pflaster" in Anspielung auf die Schlaglöcher und holprigen Straßen in der Hansestadt.

Jeder Lübecker lernt in der Schule, was die Buchstaben SPQL am Holstentor bedeuten. Doch erst das Leben lehrt ihn, was sonst noch dahintersteckt.

Wilfried Fick sitzt am Grabmal auf dem Burgtorfriedhof, das einst Senator Plitt gehörte. Schon zu seinen Lebzeiten brachten die Lübecker ihn mit der Inschrift am Holstentor in Verbindung.

Das war von den Stadtvätern natürlich nicht beabsichtigt, als sie 1871 die Inschrift anbringen ließen. Erst acht Jahre zuvor hatte die Lübecker Bürgerschaft mit gerade einmal einer Stimme Mehrheit beschlossen, das zur Ruine verfallene Tor nicht abzureißen, sondern zu restaurieren. Immerhin gehörte das spätgotische Gebäude zu den Überresten der Befestigungsanlagen und war bereits zwischen 1464 und 1478 vom Lübecker Ratsbaumeister Hinrich Helmstede erbaut worden. 400 Jahre lang hatte es nicht nur der Verteidigung, sondern auch der Repräsentation gedient, weshalb es nach außen mit Schießscharten, nach innen aber mit zahlreichen Fenstern bestückt war. Dieses Tor stand also kurz vor dem Abriss, als in der Hansestadt doch noch ein Gesinnungswandel einsetzte und die Wiederherstellung beschlossen wurde. Nach Abschluss der Arbeiten, die zwar nicht in allen Teilen historisch exakt ausgeführt wurden, aber das Tor doch für die Nachwelt konservierten, wurde das *SPQL* Richtung Innenstadt angebracht – so stolz waren die Lübecker auf sich, ihre Stadt und das Holstentor. Wäre damals schon bekannt gewesen, dass die Versalien die Lübecker zu allerlei kreativen Interpretationen veranlassen würden, hätte man die Inschrift vielleicht ausgeschrieben. So, wie es auf der anderen Seite, Richtung Feld, der Fall ist. Dort ist seit 1871 *Concordia Domi Foris Pax* zu lesen: Eintracht innen, draußen Friede. Eine Verballhornung ist hier ausgeschlossen.

Heike Thissen

....

So geht's zu SPQL:

Die Buchstaben SPQL sind auf einem Fries über der Tordurchfahrt des Holstentors Richtung Innenstadt angebracht.

Der Reiter hält ein Glas in seiner Hand.
Und das hat einen guten Grund.

27

Reiter mit Glas

Verrat begehen und Leben retten

W as hält der Reiter denn da in der Hand? Diese Frage stellt sich einem sofort, wenn man vor dem Relief steht. Die Antwort hat Dr. Ulrich Bayer parat: „Ein Glas!", sagt er und kann sich ein Schmunzeln nicht verkneifen – schließlich ist ein Glas nicht gerade das, was man in den Händen eines Reiters erwarten würde. Doch der Stadtführer weiß, warum das Trinkgefäß so großen Sinn macht: „1380 war der Rat der Stadt Lübeck stark durch die reichen Kaufleute geprägt", beginnt er die weit zurückliegende Geschichte zu erzählen. „Das passte den Handwerkern und insbesondere den Knochenhauern, also den Fleischern, so gar nicht, sie fühlten sich ungehört, missachtet, übergangen und benachteiligt. Sie hatten keine Macht und, lapidar gesagt, nichts zu sagen." Auch unterlagen die Fleischer, die Bäcker, die Goldschmiede sowie die Lohgerber dem so genannten Marktzwang. Sie bekamen ihre Marktstände nicht fest zugewiesen, sondern ihre Plätze wurden zweimal im Jahr ausgelost. Der Rat bestimmte auch, wer einen Meistertitel erben sollte. Nachdem entsprechende Verhandlungen gescheitert waren, erhoben sich die Knochenhauer ein erstes Mal gegen den Rat. Durch die gute Zusammenarbeit zwischen Rat und Kaufleuten konnte der Aufstand aber schnell beendet werden. Die Knochenhauer mussten schwören, nie wieder gegen den Rat aufzubegehren, und waren von nun an verpflichtet, Militärdienst zu leisten. Doch auch wenn der Aufstand offiziell mit dem Schwur der Knochenhauer auf der Domtreppe beendet worden war: Im Untergrund schwelte die Unzufriedenheit weiter und kam 1384 erneut zum Vorschein. „Die Stimmung war gespannt und aufgeladen, es rumorte in der Stadt", erzählt Ulrich Bayer.

Dr. Ulrich Bayer hat das Relief auf einem seiner Streifzüge entdeckt.

Und auch der glücklose Kaufmann Hinrik Pasternostermaker (1330/37-1384) war sauer. Eigentlich stammte er zwar aus einer angesehenen Lübecker Familie und erbte drei Häuser in der Braunstraße, aber wirklichen Erfolg hatte er als Kaufmann nicht. Also schmiedete er, gemeinsam mit zahlreichen Knochenhauern, einen grausamen Plan: den gesamten Rat samt den Frauen und Kindern der Ratsmitglieder gefangen zu nehmen und zu töten. Der Chronist Ernst Deecke hat dazu festgehalten: „Sie hatten folgendes böslich, doch nach ihrem Sinne klüglich vorgenommen: daß sie auf St. Lamberts Tag (17. September), am Sonnabend, wenn die Thurmuhr neun schlüge, mit den Edelleuten zuschlagen und den ganzen Senat hatten morden wollen." In dem Buch *Lübeck. Eine Hansestadt macht Geschichte* schreibt Annaluise Höppner: „Die Aufständigen hatten sich mit zwei Rittern und einigen Adligen vor dem Burgtor zusammengeschlossen, wollten die Häuser der Kaufmannskompanien und das Rathaus besetzen und alles niedermachen, was sich ihnen in den Weg stellte."

„Das Relief des Reiters mit dem Glase soll noch heute an den geplanten Verrat erinnern. Und daran, dass der Mann mit dem Glas es verstand, eine schlimme Bluttat zu verhindern."

Wäre der Plan aufgegangen – ein unglaubliches Leid wäre über Lübeck hinweggerollt. „Doch zum Glück gibt es noch so etwas wie ein Gewissen", sagt Ulrich Bayer. Und einer der potentiellen Verräter hatte ein ausgesprochen schlechtes. Das plagte ihn so sehr, dass er am Vorabend der geplanten Tat zum Haus des Bürgermeisters Johannes Perzeval (1320-1384) ritt. „Aber die Aufständischen haben zuvor einen Schwur abgelegt, in dem sie sich gegenseitig versprachen, keinem von Angesicht zu Angesicht von der beabsichtigten Freveltat zu erzählen", sagt Ulrich Bayer. „Doch der Mann hatte eine Idee, wie er den Bürgermeister von dem Plan in Kenntnis setzen könnte, ohne seinen Schwur zu brechen." Und diese Idee hängt mit dem Glas zusammen, das auf dem Relief an der Wand abgebildet ist: Der Mann ließ sich einfach ein Glas Wasser bringen. „Der Bürgermeister war nicht zuhause, aber er bat den Sohn des Bürgermeisters, sich mit dem Rücken zu ihm zu setzen, so eben, dass dessen Angesicht abgekehrt war, und schüttete dem Glas sein Herz aus. Nachdem er den Plan also verraten hatte, machte er, dass er fortkam", erzählt der Stadtführer weiter.

Der Bürgermeister und der Rat handelten sofort. „Man ließ alle Tore und strategisch wichtigen Punkte von Soldaten besetzen", erzählt

Ulrich Bayer. „Der Verdacht fiel schnell auf Paternostermaker, rasch war klar, dass er der Anführer war. Sie nahmen ihn gefangen und brachten ihn in die Fronerei." Für seine geplante Tat umbringen konnten sie ihn nicht, denn der erfolglose Kaufmann kam ihnen zuvor und tötete sich selbst. Den anderen Anführern, die nicht rechtzeitig fliehen konnten, erging es schlecht. Aus Furcht vor der Folter legte ein Bäcker ein umfassendes Geständnis ab. Aber trotzdem wurde er genauso hingerichtet wie die anderen Verräter.

Jene, die überlebten, hatten in der Folge mit noch schlechteren Bedingungen zu kämpfen als zuvor, denn logischerweise war es um ihren Ruf beim Rat nun nicht mehr allzu gut bestellt. „Man löste das Knochenhaueramt auf und setzte die Anzahl der Meisterstellen herab", sagt Bayer. Das bedeutete also, dass weniger Handwerker den begehrten Posten ausführen konnten – wegen der Beschränkung der Meisterposten im Handwerk allgemein sollte es später noch häufig zu Aufständen kommen (siehe Geheimnis 41). Und das war noch nicht alles: „Auch ihren Zunftmeister durften die Knochenhauer nicht mehr selbst bestimmen, sondern das war nun Sache des Rates. Die jährliche Miete für die Litte, ihren Verkaufsstand, wurde auf das Dreifache erhöht", erzählt Ulrich Bayer, der das Relief auf einem seiner ausgedehnten Streifzüge durch die Stadt entdeckt hat und, neugierig geworden, dessen Geschichte zu recherchieren begann.

„Das Relief des Reiters mit dem Glase soll noch heute an den geplanten Verrat erinnern. Und daran, dass der Mann mit dem Glas es verstand, eine schlimme Bluttat zu verhindern." Eine Bluttat, die er allerdings nicht verhindern konnte, war die blutige Rache des Rats, die erst durch sein Handeln möglich geworden ist.

Eva-Maria Bast

....

So geht's zum Reiter mit Glas:

Das Relief, das den Reiter mit Glas zeigt, befindet sich an der Fassade des Drägerhauses, Königstraße 9.

*Das Fenster im Travemünder Strandbahnhof
hat eine zauberhafte Wirkung.*

28

Fensterbild

Nur von innen zeigt sich der Zauber

E s gibt in Travemünde ein geheimnisvolles Relikt aus längst vergangenen Zeiten, dessen Anblick Zugreisenden und Besuchern des Strandbahnhofs vorbehalten ist. Am schönsten ist es zu betrachten, wenn die Sonne im richtigen Winkel darauf fällt. „Dann sorgt es in der Wartehalle für ein zauberhaftes Licht", sagt Wolf-Rüdiger Ohlhoff. Er spricht von einer Lünette, einem halbrunden Jugendstilfenster mit Glasmalerei. Kurioserweise lässt es sich von außen nicht einmal erahnen, obwohl man vom Bahnhofsvorplatz eigentlich einen ungehinderten Blick auf die Rückseite des Fensters werfen kann. „Die Malerei ist nur von innen gut zu sehen, weswegen viele Travemünde-Besucher sie nie zu Gesicht bekommen", sagt der Gästeführer.

Dass der Strandbahnhof als Endhaltestelle der Lübeck-Büchener Eisenbahn einmal ein solches Schmuckstück werden würde, war nicht klar, als die Eisenbahngesellschaft im Jahr 1898 damit anfing, eine Verlängerung der Gleise bis ins Kurviertel zu planen. Die Beschwerden der Gäste waren immer lauter geworden, dass der Fußmarsch vom Stadtbahnhof bis zum Strand zu weit sei. Am 1. Mai 1900 wurden Strecke und Strandbahnhof eröffnet. Allerdings bestand die Wartehalle samt Ticketschalter und Toiletten damals noch aus einem einfachen Holzgebäude mit Restaurant. Ein passender Empfang für liquide Kurgäste aus aller Welt in einem Luxus-Kurbad sah anders aus. Dieser Meinung war man wenige Jahre später auch in Travemünde. Hierbei mag eine entscheidende Rolle gespielt haben, dass Kaiser Wilhelm II. (1859-1941) seinen Besuch zur Travemünder Woche angekündigt hatte.

Also entstanden ab 1911 die Pläne für ein adäquateres Haus aus Ziegelsteinen. Sie stammten vom Aachener Architekten Fritz Klingholz (1861-1921) und repräsentierten mit dem Jugendstil die bauliche Mode jener Jahre. Gebaut wurde eine

Wann fährt der nächste Zug nach Lübeck? Der Turm verrät es. Wolf-Rüdiger Ohlhoff kommt zwar nicht mit dem Zug, sondern zu Fuß. Den Bahnhof betritt er trotzdem gern.

runde Stahlträgerkonstruktion mit Fahrkartenschalter, Gepäckabfertigung und vier Warteräumen: zwei Sommerhallen, ein gemeinsamer Warteraum für die erste und zweite Klasse sowie einer für die dritte Klasse. Daneben stand ein Uhrenturm, der seit 1929 ein ganz besonderer ist. „Damals war Travemünde längst noch nicht so dicht bebaut wie heute. Deswegen brachte man an seiner Außenseite eine Anzeigentafel an, die jeweils die nächste Abfahrt zum Lübecker Hauptbahnhof ankündigte", erklärt Ohlhoff. Die Kurgäste konnten die Angaben bequem von ihrem Strandkorb am Ostseeufer aus sehen und sich rechtzeitig auf den Weg zum Bahnhof machen. „Der atemlos dem Bahnhof nahende Reisende hat Gelegenheit, sich an der Hand der Uhr zu überzeugen, mit welcher Beschleunigung er den Bahnsteig erreichen muß, ob er seine Lunge schonen kann oder ‚eine Umdrehung mehr‘ geben muss", schrieben die Vaterstädtischen Blätter in jenem Jahr. Heute funktioniert diese zuverlässige Zeitangabe längst nicht mehr so gut, weil zu viele Häuser zwischen Wasser und Bahnhof stehen.

Ob die Gäste, die mit dem Zug kamen, Zeit und Muße hatten, das Jugendstilfenster auf sich wirken zu lassen? Vermutlich nicht. Dabei lohnt es sich! Das Motiv ist nicht unbedingt außergewöhnlich, aber für ein Ostseebad doch sehr passend: In der Mitte trägt der Titan Atlas die Weltkugel, zu seiner Linken sitzt eine blaugewandete Aphrodite mit einem Segelschiff in der Hand, zu seiner Rechten Vulcanus mit Hammer und Zahnrad. Solch ein halbkreisförmiges Bogenfenster mit seiner großflächigen Glasmalerei nennen Architekten „Lünette", was so viel wie „kleiner Mond" bedeutet.

„Man kann durchaus sagen, dass erst mit diesem Strandbahnhof Travemünde zu dem mondänen Ostseebad wurde, das es zum Teil heute noch ist. Vor allem hat sich das auch auf Lübeck positiv ausgewirkt", erklärt Wolf-Rüdiger Ohlhoff. Zwar legte der Zweite Weltkrieg den Fremdenverkehr lahm, doch schon im Jahr nach dem Kriegsende kamen die ersten Gäste wieder. Vor allem Anfang der 1970er-Jahre gehörte Travemünde zu den beliebtesten Reisezielen vieler Kurgäste. 70.000 Besucher kamen dann jedes Jahr in den kleinen Ort, der bereits nach Lübeck eingemeindet war.

Inzwischen sind nur noch die wenigsten Travemünde-Reisenden auf den Zug angewiesen. Trotzdem lohnt sich der Besuch des Strandbahnhofs – nicht nur von außen, sondern auch und vor allem von innen.

Heike Thissen

....

So geht's zum Fensterbild:

Das Fensterbild des Travemünder Strandbahnhofs (Godewind-Straße) ist von außen kaum zu erkennen. Wer aber die Wartehalle betritt, hat freien Blick auf das Werk.

29

Steinbrocken

Sagenumwoben und literarisch besungen

Was für ein Brocken!, mag man sich denken, wenn man in Travemünde an der Strandpromenade entlangspaziert und dabei den riesigen Felsen entdeckt, der nahe dem Ufer aus dem Wasser ragt. Siegfried Austel sagt: „Das ist der Mövenstein", und es klingt ein bisschen so, als stelle er einen guten Freund vor. In der Tat kümmert sich der Travemünder gemeinsam mit anderen Mitgliedern des Travemünder Heimatvereins auch sehr um den Stein. Eben wie um einen Freund, dem es nicht gut geht. Denn mit dem großen Brocken gibt es Probleme: Der 80 Tonnen schwere Koloss, der, wie der Heimatkenner sagt, während der Eiszeit durch Gletscherverschiebungen nach Travemünde kam, versinkt immer mehr im weichen Meeresgrund. „Vor 100 Jahren war er noch zu vier Fünfteln zu sehen, heute sind nur noch zwei Fünftel über der Oberfläche." Die Initiative will sich nun darum kümmern, dass der Stein entweder ein festes Fundament bekommt oder aber geborgen und an anderer Stelle aufgebaut wird.

„Bis 1873 stand in der Nähe des Steins eine Ziegelei, die, das wissen die wenigsten, durch die Sturmflut vernichtet wurde", sagt Austel. Der heutige Kalvarienberg, der sich vom See aus gesehen links vom Stein erstreckt, sei früher der Ziegeleiberg gewesen. „Der Berg war zwar vorher schon vorhanden, es ist eine natürliche Erhebung, aber die Ziegelei hat ihren Abraum auf dem Berg entsorgt, sodass er noch höher wurde." 1925 errichtete der Lübecker Stadtbaumeister Friedrich Wilhelm Virck (1882-1926) die Seebadeanstalt – sozusagen um den Stein herum – man sonnte sich auf ihm oder nutzte ihn als Sprungbrett in die Lübecker Bucht.

> *„Vor 100 Jahren war er noch zu vier Fünfteln zu sehen, heute sind nur noch zwei Fünftel über der Oberfläche."*

Doch so ein Stein zieht nicht nur die Aufmerksamkeit von Sonnenanbetern oder Wasserratten auf sich – er beflügelt auch die Fantasie.

Siegfried Austel steht auf dem mächtigen Stein, um den er sich allerdings große Sorgen macht.

Literarisch besungen, in Legenden verarbeitet, von Badenden geliebt: der Mövenstein, von Thomas Mann auch „Möwenstein" geschrieben.

So gibt es die Sage, dass der riesige Felsbrocken vom Riesen Möves – oder Möwes – ins Wasser geworfen worden sei. Und Thomas Mann (1875-1955) war von dem mächtigen Brocken immerhin so beeindruckt, dass er ihn in seinem berühmten Roman *Buddenbrooks* von 1901 verarbeitete: Die 18-jährige Tony Buddenbrook will Kaufmann Benedix Grünlich, den ihre Eltern zu ihrem Ehemann auserkoren haben, nicht heiraten und wird nach Travemünde geschickt. Dort lernt sie den Medizinstudenten Morten Schwarzkopf kennen und verliebt sich in ihn. Doch Schwarzkopf muss nach Göttingen zurück, wo er studiert, die beiden treffen sich vorher „nachmittags in einer entfernten Gegend: dort, wo die gelben Lehmwände begannen und wo die Wellen am ‚Möwenstein' ihren Gischt hoch emporschleuderten".

Auch wenn die beiden sich die Ehe versprechen – es bleibt ein romantischer Traum, Tony muss doch einen anderen heiraten. Glücklich wird sie in der Ehe nicht. Aber immerhin: Thomas Mann erhält mit seinen *Buddenbrooks* 1929 den Nobelpreis für Literatur. Was dem ohnehin schon so schweren Mövenstein natürlich noch mehr Gewicht verleiht.

Eva-Maria Bast

So geht's zum Steinbrocken:

Er liegt in der Lübecker Bucht am nördlichen Ende der Strandpromenade in Travemünde.

*Wilfried Fick kennt die Geschichte hinter dem Namen,
der auf der Grabplatte beinahe komplett ausgelöscht ist.*

30

Lienau-Grabmal

Kämpfer gegen Unrecht und Pfuscherei

D er Name auf seinem Grabstein kaum mehr zu lesen. Senator Dr. Cay Diedrich Lienau verschwindet nach und nach
aus dem Gedächtnis der Stadt – so scheint es auf den ersten Blick. Doch in den Herzen von 76 Lübecker Familien
wird ihm ein immerwährendes Gedenken zuteil. „Als Staatsanwalt
vertrat er 1931 und 1932 im so genannten Calmette-Prozess die

Anklage gegen die Leiter des Krankenhauses, des Lübecker Kinderhospitals und des Gesundheitsamtes sowie eine Labor-Schwester", erklärt der ehemalige Leiter der Abteilung Friedhöfe, Wilfried Fick, die Hintergründe. Nach dem größten Impfunglück in der Geschichte Deutschlands, das als „Lübecker Impfkatastrophe" oder „Lübecker Totentanz" in die Geschichte einging, sorgte Lienau dafür, dass den Eltern von fast 80 toten Säuglingen wenigstens juristische Gerechtigkeit widerfuhr.

Dazu kam es so: Die Franzosen Albert Calmette (1863-1933) und Camille Guérin (1872-1961) hatten 1921 nach mehrjähriger Forschungsarbeit einen Impfstoff gegen Tuberkulose entwickelt, das Bacillus Calmette-Guerin (BCG). Nachdem weltweit bereits mehr als 150.000 Kinder erfolgreich damit geimpft worden waren, begann man am 24. Februar 1930 auch in Lübeck offiziell damit, Säuglingen das BCG mit einem Teelöffel Milch zu verabreichen – offenbar in bester Absicht, allerdings mit katastrophalen Folgen. „Von den 244 Kindern, die in den kommenden Monaten das Medikament erhielten, und damit für den Rest ihres Lebens geschützt sein sollten, starben 76 an Tuberkulose, 131 erkrankten zum Teil schwer", sagt Wilfried Fick auf dem Burgtorfriedhof mit Blick auf die verblichene Inschrift. „Der Impfstoff war offenbar verunreinigt, aber es konnte nie restlos geklärt werden, wie es dazu gekommen war."

Es war Professor Georg Deycke (1865-1938), Direktor des Allgemeinen Krankenhauses, der die Emulsion von der Krankenschwester Anna Schütze nach dem von Calmette und Guérin entwickelten Verfahren herstellen ließ. Als nach dem ersten Todesfall ein Kinderarzt den Verdacht äußerte, das könne an dem Impfstoff liegen, wiegelte Deycke ab mit der Begründung, das Kind habe sich bereits im Mutterleib mit einer seltenen Form der Tuberkulose infiziert. Erst als drei Wochen später bereits vier Babys

An Oberstaatsanwalt Dr. Lienau erinnert auf dem Burgtorfriedhof seine Grabplatte.

wenige Wochen nach ihrer Impfung mit BCG starben, erhärtete sich der Verdacht. Deycke stellte die Impfung in seinem Krankenhaus ein und vernichtete den Impfstoff, den er noch vorrätig hatte, – und damit auch das Beweismaterial. Der ärztliche Leiter des Lübecker Gesundheitsamtes, Obermedizinalrat Ernst Altstaedt (1885-1953), war jedoch weiterhin von der Unschädlichkeit des Stoffes überzeugt. Weder informierte er die Eltern ausführlich über die Geschehnisse, noch ließ er den Stoff zurückziehen.

„Obwohl die Ruhefrist schon 1945 abgelaufen ist, haben alle Friedhofsverwaltungen die Steine erhalten."

Das hatte fatale Folgen: Andere Impfstellen in Lübeck – Hebammen und Kinderärzte – wurden nicht gewarnt und benutzten den Impfstoff weiter. Mehr als 70 Säuglinge mussten noch sterben, weil kein Aufsehen erregt werden sollte. Erst am 6. Mai, so schreibt es der Medizin- und Wissenschaftshistoriker Christian Bonah in einem Aufsatz zur Katastrophe, wurde die Impfung in der Stadt beendet und eine Woche später die Öffentlichkeit informiert. Von da an schlugen die Vorkommnisse in Lübeck national und international hohe Wellen.

So berichtete die Vossische Zeitung in Berlin: „Lübeck hat vor einigen Wochen als erstes deutsches Land das sogenannte Calmettesche Tuberkulose-Verfahren bei Kindern eingeführt. (…) Von 246 Säuglingen, denen man die Rindertuberkelbazillenkuren im Essen eingab, sind acht gestorben und 23 schwer erkrankt. Sie zeigen die typischen Merkmale der schweren Tuberkulose-Erkrankung." Und das war nur eine traurige Zwischenbilanz, auch wenn es tatsächlich 244 und nicht, wie in der Zeitung berichtet, 246 Säuglinge waren. In der Folge der Berichterstattung kochten die Gemüter hoch.

Am 19. Juni erhob Oberstaatsanwalt Cay Diedrich Lienau Anklage gegen Deycke und Altstaedt, außerdem gegen den Leiter des Kinderhospitals, Professor Dr. Max Klotz, und Krankenschwester Anna Schütze. Letztere war dafür zuständig, die aus Paris bezogene BCG-Kultur zu Impfstoff zu verarbeiten, obwohl sie bakteriologisch nicht ausgebildet war. Obendrein ging sie ihrer Arbeit im dafür völlig ungeeigneten Labor von Deycke nach. Hätten Deycke und Altstaedt darauf bestanden, den von Schütze zubereiteten Impfstoff an Tieren zu testen, wäre ihnen womöglich aufgefallen, dass damit etwas nicht stimmte.

Doch weil das Ermittlungsverfahren so aufwändig war, wurde der Prozess erst mehr als ein Jahr später eröffnet. Eine Turnhalle in der Stadt musste dafür herhalten, weil es keinen anderen ausreichend großen Saal gab. Nach 76 Sitzungstagen war das Urteil gefällt: Deycke erhielt eine Strafe von zwei Jahren Gefängnis wegen fahrlässiger Tötung und Körperverletzung. Er habe fahrlässiger Weise in einem für Impfstoffherstellung ungeeigneten Labor den BCG-Impfstoff kultiviert und auf Tierversuche verzichtet. Altstaedt wurde zu einem Jahr und drei Monate Gefängnis verurteilt. Er habe den Impfstoff nicht im Tierversuch geprüft und die Kinder nur unzureichend beobachtet, so das Gericht. Klingt nach milden Strafen angesichts der vielen Todesfälle. Doch Christian Bonah ordnet den Gerichtsbeschluss anders ein: „Dies ist für die Zeit ein außergewöhnliches Urteil, da es in den 1930er-Jahren noch selten zu Arztprozessen kommt und noch seltener zu Verurteilungen."

Als Folge des Skandals und des Verfahrens wurde eine Tuberkulose-Impfung in Deutschland erst nach dem Zweiten Weltkrieg aufgenommen. 1998 beschloss die Ständige Impfkommission, die Impfung mit BCG wegen des unzureichenden Schutzes und der möglichen unerwünschten Nebenwirkungen nicht weiter zu empfehlen.

Nicht nur das Grabmal von Lienau auf dem Burgtorfriedhof erinnert noch heute an den Calmette-Prozess. „Auf dem Vorwerker Friedhof gibt es ein besonderes Grabfeld, in dem etliche der Säuglinge begraben wurden. Und obwohl die Ruhefrist schon 1945 abgelaufen ist, haben alle Friedhofsverwaltungen die Steine erhalten", sagt Wilfried Fick. Zusammen mit dem Grabstein für Cay Diedrich Lienau halten sie die Erinnerung an den Skandal wach.

Heike Thissen

....

So geht's zum Lienau-Grabmal:

Es befindet sich auf dem Burgtorfriedhof in der Eschenburgstraße 20 und trägt die Bezeichnung Dom-31-I/II.

Sven Wehde weiß, was früher an Haken wie diesen hing.

Straßenbahnrosette

Hufgeklapper und Schienen in der Stadt

W as ist denn das? An mehreren Stellen in der Lübecker Altstadt hängen in luftiger Höhe große, dicke, von Rosetten umgebene Eisenhaken an den Häusern. Offensichtlich wurden sie angebracht, damit man dort etwas aufhängen kann. Aber was? Was wäre dafür geeignet, es an einem derart mächtigen Haken zu befestigen? Sven Wehde, Redaktionsleiter der Lokalredaktion der Lübecker Nachrichten, weiß es: „Diese Haken waren dazu gedacht, dort die Oberleitungen der Straßenbahnen anzubringen", erklärt er. Denn auch durch Lübeck fuhr das bekannte Verkehrsmittel – und das für viele Jahre!

Kaufmann Hermann Wilhelm Fehling (1842-1907), gründete 1881 eine Pferdebahn, deren Gesamtstrecke am 15. Mai eröffnet wurde. Wenn die auch noch keine Oberleitungen brauchte, so führte sie doch schon durch die Breite Straße, wo sich heute noch eine Straßenbahnrosette befindet. Die Strecke verlief vom Kolosseum über die Kronsdorfer Allee und die Mühlenstraße, durch die große Burgstraße in die Israelsdorfer Allee zur Roeckstraße, wo die Pferde in Ställen untergebracht waren. Keinen Monat später, am 7. Juni, klapperten die Hufe der Pferde dann schon auf einer weiteren Strecke, die vom Markt über die Holstentorbrücke und den Lindenplatz in die Fackenburger Allee und die Moislinger Allee und später sogar bis in die Finkenstraße führte.

Haken wie diese sind an mehreren Stellen in der Altstadt zu finden.

„In den ersten Monaten lief es gut, doch schon 1882 war es finanziell schwierig", sagt Sven Wehde. Was aber nicht heißt, dass die Bahn deshalb ihren Dienst einstellen musste: Sie wurde 1893 einfach durch ein größeres Unternehmen aus Berlin, die ALSAG, übernommen und elektrifiziert. Am 12. Mai 1894, fast auf den Tag genau 13 Jahre nach Inbetriebnahme der Pferdebahn, fuhr nun (zumindest auf einer Linie) eine elektrische Straßenbahn durch Lübeck.

Wenige Jahre später kam Baurat Ferdinand Wallbrecht (1840-1905) ins Spiel. Gewünscht war eine Ausdehnung der Strecke nach Marli, an deren Rentabilität die ALSAG aber nicht glauben wollte. Wallbrecht war da optimistischer und bekam die Konzession für die „Marlibahn", die ab 9. Juni 1905 von der Untertrave über die Beckergrube, Königstraße, Hüxstraße, Moltkestraße nach Marli fuhr. Im Jahr 1908 kaufte die Stadt Wallbrecht diese Linie ab und erwarb im Jahr darauf auch die ALSAG-Straßenbahn. Kaufpreis: 3,6 Millionen Mark. „Ab dem 1. April 1909 hieß der Betrieb dann also Lübecker Straßenbahn", fasst Sven Wehde zusammen. Und selbige wurde noch kräftig erweitert: 1914 erstreckte sich das Netz auf 15

Linien, und auch zwischen den beiden Weltkriegen wurde noch ausgebaut. Allerdings nur kurze Zeit, denn ab den 1920er-Jahren gab es in Lübeck auch Buslinien, und die machten der Straßenbahn mächtig Konkurrenz – wie überall. Sie waren flexibler und kamen besser durch die Altstadt.

Jedoch mussten im Zweiten Weltkrieg einige Busse an die Deutsche Wehrmacht abgegeben werden, sodass nun wieder verstärkt auf die Straßenbahn zurückgegriffen wurde. Aber es waren nicht nur die Busse, die die Lübecker davon abhielten, Straßenbahn zu fahren: „Als immer mehr Menschen ein eigenes Auto hatten, wurde es wirtschaftlich sehr schwierig für die Straßenbahn", sagt Sven Wehde. Ab den 1950er- Jahren stellte man den Betrieb sukzessive ein.

„Als immer mehr Menschen ein eigenes Auto hatten, wurde es wirtschaftlich sehr schwierig für die Straßenbahn."

Übrigens: Die Lübecker Straßenbahn war eine ganz besondere: Sie hatte eine Spurweite, also einen Abstand zwischen den beiden Schienen, von 1100 Millimetern. Das gab es in Deutschland sonst nur noch in Kiel und Braunschweig. Und außerdem in Rio de Janeiro.

Eva-Maria Bast

....

So geht's zur Straßenbahnrosette:

Eine der Rosetten kann man zum Beispiel am Wiener Kaffeehaus, Breite Straße 62, entdecken – gegenüber von Karstadt.

Turmuhr

Als es noch nicht auf die Minute ankam

Auf den ersten Blick fällt die Besonderheit gar nicht unbedingt auf. Doch bei genauem Hinsehen stellt man fest, dass der Kirchturm von St. Jakobi der einzige der sieben Altstadt-Türme ist, der eine Uhr hat. Und noch etwas fällt auf: Es fehlen die Minutenzeiger!

Warum das so ist, kann Peter Cornelius Jansen beantworten. Der frühere Pastor der Auferstehungs- und der St.-Thomas-Gemeinde, der regelmäßig in St. Jakobi predigt, kennt sich mit dem Gotteshaus hervorragend aus. „Ich vermute, dass die Uhr mit ihren vier Ziffernblättern dort oben so gestaltet ist, weil die Zeiger so groß und gleich vier Mal vorhanden sind", sagt er. Schon ein Zeiger in jede Richtung erfordere ein ungemein robustes Uhrwerk. Bei zwei Zeigern in jede Richtung wäre der Kraft- und Konstruktionsaufwand wesentlich größer gewesen. „Hinzu kommt, dass die Uhrzeit schon aus weiter Entfernung auch außerhalb des Stadttores zu sehen sein musste, da hätten zwei Zeiger vielleicht irritiert", fügt er an. Außerdem spielte die genaue Uhrzeit ohnehin keine entscheidende Rolle für die tägliche Arbeit. Der rhythmische Wechsel zwischen Tag und Nacht genügte, um das Leben zu organisieren.

Auf Minuten kommt es bei St. Jakobi nicht an, nur auf die Stunden!

Lübeck erhielt seine erste Turmuhr im Jahr 1405. Sie war an St. Marien angebracht und zeigte im Gegensatz zu den bis dahin gebräuchlichen Sonnenuhren die Zeit ganz unabhängig von Wetter und Tageszeit an. Die Uhren von St. Jakobi stammen vermutlich aus dem 16. Jahrhundert. „So genau weiß das zurzeit niemand. 1657, als das baufällig gewordene oberste Stockwerk neu aufgemauert wurde, hatte man auch das Uhrwerk wieder eingebaut, das muss also ein ganzes Stück älter sein", erklärt Jansen.

Gehört zu den sieben Lübecker Türmen: der Kirchturm von St. Jakobi.
Die vier Ziffernblätter der Turmuhr weisen eine Besonderheit auf.

Dass die Jakobskirche im Gegensatz zu den anderen vier Altstadtgemeinden eine Turmuhr besitzt, ist einfach zu erklären, sagt der Pastor: „Sie ist als einzige übrig geblieben." Auch St. Petri habe eine Turmuhr besessen. „Die hat man Anfang des 20. Jahrhunderts abgebaut, unter anderem mit der Begründung, dass sich ja mittlerweile sogar in jedem ärmsten Haushalt eine Uhr befinde." Mit derselben Begründung habe man dann auch die Jakobiuhr mit Zeigern und Ziffernblatt abbauen wollen. Doch die Erfahrung mit St. Petri hatte gelehrt, dass die Demontage mühsam und aufwändig sein würde. „Also hat man davon abgelassen und sie lediglich nicht mehr aufgezogen. Denn das war eine mühsame Arbeit, die mehrmals täglich verrichtet werden musste." Erst 1989 organisierte der Lions-Club eine Spendenaktion und erweckte die Uhr aus ihrem fast 100-jährigen Dornröschenschlaf. „Sie wurde gründlich saniert und mit einem elektrischen Aufzug versehen. Und so läuft sie immer noch, wenn auch nie richtig genau, aber doch recht zuverlässig", weiß Peter Cornelius Jansen.

„Die Uhr ist als einzige übrig geblieben."

Damals wie heute ist St. Jakobi das Gotteshaus für Fischer, Seefahrer und Bootsleute. Das gilt erst recht, seit in der nördlichen Turmkapelle das Rettungsboot der Pamir als Mahnmal liegt und daran erinnert, dass 1957 beim Untergang des Großseglers von den 86 Mann an Bord nur sechs lebend geborgen werden konnten. Doch auch für die Wallfahrer zu Fuß ist die Kirche mit dem Pilgerpatron als Namensgeber eine religiöse Anlaufstelle. Diese Wanderer stört es nicht, dass den Ziffernblättern die Minutenzeiger fehlen. Denn auf die Minute kommt es für sie ohnehin nicht an.

Heike Thissen

So geht's zur Turmuhr:

Die Turmuhr mit ihren vier Ziffernblättern ohne Minutenzeiger befindet sich an der Jakobskirche, Jakobikirchhof 3.

Der Grabstein der Familie Baudissin verrät mit keinem Wort,
dass Gräfin Louisa im Tod ihrer Zeit weit voraus war.

33

Baudissin-Grabmal

Fortschrittlich bis in den Tod

D er Efeu hat den Boden komplett bedeckt. Wenn ihm niemand Einhalt gebietet, fängt er bald an, sich an dem steinernen Grabmal entlang nach oben zu winden. Dann wird niemand der Passanten mehr erkennen können, wer hier auf dem Burgtorfriedhof eigentlich begraben liegt. Wobei: Das Besondere an diesem Grab geht aus der Inschrift ohnehin nicht hervor. Denn dort steht nur zu lesen: *Gräfin Louisa Baudissin geb. del Strother, geb. 29. Juli 1830 zu Hull, gest. 11. Mai 1910 zu Lübeck*, darunter werden noch andere dort bestattete Familienmitglieder genannt.

„Louise Gräfin Baudissin war die erste Lübeckerin überhaupt, die für sich die Feuerbestattung gewählt hat", erklärt Wilfried Fick, ehemaliger Leiter des Bereichs Friedhöfe bei der Stadt, warum der Grabstein der Familie ein besonderer ist, und ergänzt: „Anfang des 20. Jahrhunderts wurden in Deutschland nur zögerlich die ersten Krematorien gebaut und Einäscherungen nur sporadisch ausgeführt. Aber die liberalen Hanseaten gehörten zu den Vorreitern, und Lübeck war mit dabei." Hamburg hatte sein Krematorium bereits 1890/91 gebaut, Bremen in den Jahren 1903 bis 1906. Dann zog Lübeck nach. Doch viele Menschen damals hatten ihre liebe Not, sich mit dem Gedanken anzufreunden, dass das Feuer innerhalb weniger Minuten ihren Körper zu Asche verwandeln könnte. „Dementsprechend geheimnisvoll und beinahe mystisch wurde die Einäscherung der Gräfin dann auch in der Presse behandelt", sagt Fick.

So schrieben beispielsweise die *Lübeckischen Anzeigen*: „Die Trauerfeier selbst gestaltete sich in dem schönen mit Blumen und Kränzen geschmückten, mit Sonnenlicht und Kerzenschein erhellten freundlichen Raum außerordentlich weihevoll." Nachdem die feierlichen Klänge des Harmoniums verklungen waren, sei vom Chor herab die „ergreifende Weise" des Chorals „Wenn ich einmal soll scheiden" erklungen. Und dann „senkte sich der Baldachin mit dem kranzgeschmückten Sarg unter den ernsten stimmungsvollen Klängen des Harmoniums ganz allmählich in den Verbrennungsraum hinab, wo des Feuers unbezwingliche Macht in kaum mehr als einstündiger Frist die mühevolle Arbeit des Erdbodens während eines Menschenalters bewältigte".

Wilfried Fick kennt die Geheimnisse des Burgtorfriedhofs – und auch das des Baudissin-Grabmals.

Für Wilfried Fick spiegeln diese aus der damaligen Zeit stammenden Berichte deutlich wider, wie neu das Thema der Feuerbestattung damals war und wie sehr es die Menschen umtrieb.

Die Frage nach den Vorzügen behandelte der *Lübecker Tagesbericht* in der *Lübecker Nachrichten und Eisenbahn-Zeitung*: „Der sonst die Angehörigen der Verstorbenen so tief erschütternde Gang zur letzten Ruhestätte, das Hinablassen des Sarges in die Gruft, das nochmalige Abschiednehmen, das alles wird den Leidtragenden bei der Feuerbestattung erspart." Zudem bleibe das Andenken an die Verstorbenen in gleicher Weise gewahrt, wenn nach der vollzogenen Einäscherung die Überreste des Toten in einer Urne im Urnenhain aufbewahrt werden. „Die einfache aber erhebende Trauerfeier, die der Einäscherung vorausgeht, dürfte für viele der Anlaß sein, Anhänger der Feuerbestattung zu werden", mutmaßte der berichtende Journalist.

„Dementsprechend geheimnisvoll und beinahe mystisch wurde die Einäscherung der Gräfin dann auch in der Presse behandelt."

„Den Verein für Feuerbestattung gab es schon seit 1904. Aber der Bau des Krematoriums wurde erst im Juli 1909 von der Bürgerschaft bewilligt", geht Wilfried Fick zurück an die Anfänge dieser Bestattungsart in Lübeck. Zunächst sollten die Verbrennungsöfen direkt unter der Kapelle auf dem erst 1907 eingeweihten Vorwerker Friedhof gebaut werden. Weil das Gotteshaus aber den Christen vorbehalten war und das Krematorium Menschen jeden Glaubens wie auch Atheisten offenstehen sollte, verwarf die Bürgerschaft diese Lösung und entschied 1907, Kapelle und Krematorium getrennt voneinander zu bauen. So entstand der Vorschlag einer Verbrennungsstätte von Baudirektor Johannes Baltzer (1862-1940) und Bauinspektor Carl Mühlenpfordt (1878-1944). Doch erst als der Feuerbestattungsverein der Stadt zusagte, dass er für die ersten fünf Betriebsjahre auf jeden Fall mit 3.100 Mark jährlich für das Krematorium einstehen würde, wurde alles für den Bau in die Wege geleitet. Noch heute steht der schlichte Backsteinbau von damals, der einer Kirche nachempfunden ist, bei dem anstelle eines Kirchturms aber ein Kamin übers Dach hinausragt.

Als Gräfin Baudissins sterbliche Überreste der Macht des Feuers übergeben wurden, gab es nur einen Kohleofen. 1912 kam ein zweiter hinzu. Doch die Einäscherungen waren wegen der dafür benötigten Koksmengen teuer. So teuer, dass im Zweiten Weltkrieg wegen der Kohlenknappheit nur dann Feuerbestattungen stattfanden, wenn die Angehörigen dafür acht Zentner Koks zur Verfügung stellten. Erst nach dem Krieg wurden die Kohleöfen durch zwei Gasöfen ersetzt.

Die Idee der Feuerbestattung fand nach der Beisetzung von Gräfin Baudissin in Lübeck wie in vielen anderen deutschen Städten im Laufe der Jahre immer mehr Anhänger. So zählte der Verein für Feuerbestattungen im Jahr 1916 bereits 629 Mitglieder, darunter rund 160 Frauen. „Der Verein bezweckt, das Interesse für seine Sache anzuregen, die Bevölkerung über die hygienischen und finanziellen Vorzüge, die die Feuerbestattung vor den jetzt geübten Erdbestattungsverfahren voraus hat, aufzuklären", ist im Lübeckischen Adressbuch aus jenem Jahr über Ziel und Zweck des Vereins nachzulesen.

Damit die Erinnerung an Gräfin Baudissin nicht in Vergessenheit gerät, muss der Efeu am Boden in Schach gehalten werden. Für den Efeu, mit dem der Steinmetz das obere Drittel des Grabsteins verziert hat, gilt das natürlich nicht: Er ist aus Stein und wird niemals die Schrift verdecken und die Erinnerung an die Tote auslöschen.

Heike Thissen

....

So geht's zum Baudissin-Grabmal:

Das Grabmal der Gräfin Baudissin befindet sich auf dem Burgtorfriedhof (Eschenburgstr. 20). Es liegt im Gräberfeld von St. Jakobi direkt am Weg Richtung Kapelle auf der linken Seite.

In den 1980er-Jahren hat Bernd Thurau selbst ein Hochwasser erlebt. So schlimm wie das von 1872 war es allerdings lange nicht.

Hochwassermarke
Kleines Zeichen einer großen Flut

A m 10. November 1872 lässt der Wind plötzlich nach. Zwei, drei Wochen lang hatte er unaufhörlich geblasen und riesige Mengen von Nordseewasser in die Ostsee gedrückt. „Manch ein Bewohner atmete vielleicht schon erleichtert auf", sagt Bernd Thurau, „doch viele trauten der Ruhe nicht so ganz." Sie erkennen sie als das, was sie ist: die Ruhe vor dem Sturm. Oder besser: Die Ruhe nach dem Sturm und vor dem Hochwasser. Denn das Wetter hat nur noch einmal tief Luft geholt, um nun das aufgestaute Wasser aus der Ostsee an Land zu pusten. Der Wind dreht und bläst mit Orkanstärke. Das Wasser kommt zurück. „Man kann sagen, dass das Meer dadurch in Schräglage geriet", erläutert der Lübecker die Situation. In der Nacht vom 13. November 1872 drücken die Wassermassen mit enormer Macht an Land. Alles, was daran heute noch erinnert, sind kleine Tafeln, auf denen der unfassbare Wasserstand dieser Nacht verzeichnet ist. Auch an der Obertrave / Ecke Große Petersgrube hängt eine solche Tafel. Ganz unscheinbar, kaum beachtet von den vorübereilenden Passanten. Dabei lässt sich an diesem Stückchen Metall ein so großes und tragisches Stück Geschichte erzählen.

Mit mehr als 120 km/h bläst der Wind vom 12. auf den 13. November in Richtung Land über das Meer, treibt das Wasser in die Städte und Dörfer, reißt 271 Menschen in den Tod und verwüstet 2.850 Gebäude.

In Travemünde wird das Seebad stark zerstört, im Fischerdorf Gothmund bleiben nur vier von 22 Häusern unbeschädigt. „In Lübeck stand das Wasser viele Meter hoch, die Bäcker fuhren in Booten mit Brotlaiben durch die Straßen und gaben sie zu den Fenstern der Obergeschosse hinein", sagt Bernd Thurau, der alte Fotos von diesen Szenen gesehen hat. Die Illustrirte Zeitung berichtet am 14.

Kleines Zeichen einer großen Flut.

Dezember 1872: „Bei Lübeck schwoll die sonst ruhig dahinfließend Trave schon am 12. so an, daß die Wellen das Bollwerk überfluteten, noch in der darauffolgenden Nacht überschwemmte das Wasser die zum Fluß hinabführenden Straßen und stieg am 13. höher und höher. Das ganze Flußbett vom Eingang des Hafens bis zur Holstenbrücke war mit schwimmenden Fässern, Ballen, Waaren aller Art bedeckt. (...) Von einem traurigen Geschick wurden meist die in den Kampf der tosenden Elemente hineingerissenen Schiffe ereilt." Das Blatt schreibt von „angerichteten Verwüstungen", die „ungeheuer und in ihrem Umfang noch gar nicht zu ermessen" seien. „Erschütternde Scenen sollen sich hier (in Niendorf) während der

Ueberschwemmung abgespielt haben. Zwei Familien, die sich auf die Dächer ihrer Häuser geflüchtet, wurden mit den losgerissenen Bedachungen fortgeschwemmt und nur durch die aufopfernde Hülfe ihrer Nachbarn auf Booten gerettet. Auf wunderbare Art sind zwölf andere Menschen am Leben geblieben; das eingestürzte Dach hielt einen darunter befindlichen Heuhaufen stundenlang zusammen, sodaß die auf dem Heu sitzenden Personen noch glücklich weggeholt werden konnten."

„In Lübeck stand das Wasser viele Meter hoch, die Bäcker fuhren in Booten mit Brotlaiben durch die Straßen und gaben sie zu den Fenstern der Obergeschosse hinein."

Bernd Thurau muss immer wieder den Kopf schütteln, wenn er die Berichte liest und diese Bilder sieht. Denn als Lübecker hat er selbstverständlich schon das eine oder andere Hochwasser erlebt. Das von 1986 ist ihm besonders in Erinnerung, weil in jenem Jahr seine Tochter geboren wurde. „Aber ein Hochwasser wie das von 1872, das gab es seither nie wieder", sagt er, macht aber auch klar: „Theoretisch wäre so etwas jederzeit wieder möglich, und man würde dem wohl ähnlich hilflos gegenüberstehen wie damals unsere Vorfahren."

Eine ausgesprochen beunruhigende Vorstellung, doch Thurau sieht das mit norddeutscher Gelassenheit: „Wir sind hier Sturm und Wasser gewohnt", sagt er und lächelt. „Das gehört einfach zum Leben dazu."

Eva-Maria Bast

So geht's zur Hochwassermarke:

Sie hängt an der Ecke Obertrave / Große Petersgrube.

Selig sind die Barmherzigen.

Krankenpflege durch Diaconissen

35

Kartusche

Eine Spende für die Wohltätigkeit

„Das wird immer noch geleert", sagt Axel Schattschneider und steckt probehalber eine Münze hinein. Mit einem satten Geräusch landet das Geldstück im Inneren der kleinen Kartusche. Es klingt so, als befänden sich bereits Münzen darin. „Komisch", findet der Lübecker, „das entdeckt eigentlich fast keiner, jeder rennt daran vorbei. Und deshalb schmeißt auch kaum einmal jemand Geld hinein." In der Tat ist die kleine Kartusche, die sich unterhalb eines Holzreliefs mit Dreiecksgiebel befindet, ausgesprochen unauffällig.

Das Relief, zu dem die Kartusche ganz offensichtlich gehört, „zeigt die Szene mit dem barmherzigen Samariter", erklärt Schattschneider. Der Samariter beugt sich zu einem am Boden liegenden Mann. Die Darstellung ist dem bekannten neutestamentarischen Gleichnis vom barmherzigen Samariter aus dem Lukasevangelium nachempfunden. „Im Grunde ist es eine Aufforderung zur Nächstenliebe", deutet Schattschneider das zum Zweck des Sammelbehälters passende Bildnis. Dargestellt ist, analog zu der biblischen Geschichte, ein Mann, der auf dem Weg von Jerusalem nach Jericho von Räubern, die unter den Bäumen am linken Bildrand zu sehen sind, überfallen wird. Nachdem mehrere Personen an dem Schwerverletzten achtlos vorübergingen, findet ihn ein Mann aus Samarien und kümmert sich um ihn – ein Akt der Nächstenliebe. Er ist das leuchtende Beispiel, dem man nacheifern soll.

„Im Grunde ist es eine Aufforderung zur Nächstenliebe."

Am unteren Rand des Reliefs ist der Schriftzug *Selig sind die Barmherzigen* zu lesen. Der Hinweis *Krankenpflege durch Diaconissen* ist darunter zu finden. „Der Zusammenhang zwischen der Darstellung und der Arbeit und Aufgabe der Diakonissen ist klar", sagt Schattschneider. „Sie tun ja auch Dienst an Menschen, die Hilfe benötigen." Die Spendengelder, die in der kleinen Kartusche gesammelt wurden,

Axel Schattschneider steckt probehalber eine Münze in die Kartusche.

Die kleine Kartusche sammelte einst Spenden für die Arbeit der Diakonissen.

kamen den Diakonissen und ihrer Arbeit zu Gute. Gegründet wurden die Diakonissen 1836 von Pfarrer Theodor Fliedner (1800-1864) in Kaiserswerth, einem heutigen Stadtteil von Düsseldorf. Die Diakonissen sollten „Dienerinnen des Herrn Jesu, Dienerinnen der Armen, Kranken und Kinder um Jesu willen, Dienerinnen untereinander" sein, wie einer Hausordnung aus dem Jahr 1839 zu entnehmen ist. In ihrer Tracht, meist in Dunkelblau mit weißer Haube, waren sie in Alten- und Pflegeheimen, Kindergärten, Krankenhäusern und in der offenen Jugendarbeit tätig. Untergebracht waren Diakonissen in einem „Mutterhaus", Männer waren tabu, sie mussten ehelos leben, das Geld, das sie verdienten, ging bis auf ein kleines Taschengeld in eine gemeinsame Kasse, die ihre Alters- und Krankenversicherung bezahlte.

„Inzwischen gibt es die Diakonissen in Lübeck in dieser Form nicht mehr", sagt der Stadtkenner. Allerdings ist die Diakonie wohl jedem ein Begriff, auch in Lübeck gibt es umfangreiche Einrichtungen der Diakonie.

Und die Kartusche wird immer noch regelmäßig geleert. „Im Inneren des Hauses gibt es einen Kasten, in den die Münzen, quasi durch die Mauer hindurch, hineinfallen", erklärt Schattschneider. Das Geld kommt dann direkt der Jakobikirche zu Gute. Viel, vermutet der Gästeführer, ist es allerdings nicht. Er hat sich ja schon gewundert, dass dem Klang zufolge überhaupt etwas in der Kartusche lag, als er seine Münze einwarf.

Eva-Maria Bast

So geht's zur Kartusche:

Sie befindet sich an der Fassade des Hauses Jakobikirchhof 3, zur Königsstraße hin gelegen. Das Haus steht direkt neben der Jakobikirche.

Wolf-Rüdiger Ohlhoff steht hinter dem Propeller,
der vor dem Maritim-Hotel an die Seefliegerei in
Travemünde und die Erprobungsstelle erinnert.

Seeflieger-Denkmal
Propeller mit Erinnerungsfunktion

uf der Seeseite des hoch aufragenden Maritim-Hotels befindet sich ein Flugzeugpropeller auf dem Rasen. Natürlich liegt er dort nicht einfach herum, sondern ist auf einem kleinen Sockel angebracht, der eine für den Laien zunächst kryptische Inschrift trägt: *Seefliegerei 1914-1945, Travemünde 1929-1945 Erprobungsstelle*. Weitere Informationen oder gar einen Flughafen sucht der Betrachter an dieser Stelle vergeblich. Da lohnt es sich, einen Travemünder wie Wolf-Rüdiger Ohlhoff dabei zu haben, der die Geschichte des Relikts kennt. „Der Propeller erinnert an die so genannte E-Stelle auf dem Priwall, wo jahrelang Flugzeuge getestet wurden", sagt er.

Es ist mehr als 100 Jahre her, als vor allem die militärische Luftfahrtindustrie erkannte, wie günstig die Halbinsel Priwall in Travemünde liegt: „Die Pötenitzer Wieck, die sich wie ein Binnensee ausbreitet, war eine perfekte Start- und Landefläche für Wasserflugzeuge, und das Land schützte das Gebiet gegen den starken Seewind", erklärt Ohlhoff. Außerdem ergänzte eine Freifläche von einem Kilometer Durchmesser das Gelände. Also wurde hier 1914 die Flugzeugwerft Lübeck-Travemünde gegründet, die aus hölzernen Hallen für die Seeflugzeuge, der Werft, der Fliegerschule, einem Verwaltungsgebäude, einer Start- und Landebahn sowie einer Slipanlage bestand. Bereits ab 5. Juni desselben Jahres wagten sich die ersten mutigen Männer in die Luft, allerdings mit mäßigem Erfolg: „Die meisten von ihnen kamen nicht weit und stürzten ab. Ihre Flugzeuge bestanden Anfang des 20. Jahrhunderts ja lediglich aus Sperrholz, Stoff und Drähten", sagt der Gästeführer. Während auf dem freien Feld vor allem Piloten für das Militär, aber auch für die zivile Luftfahrtgeschult wurden, entstanden in der Werft Flugzeuge für die Deutschen Flugzeugwerke.

Wer die Hintergründe nicht kennt, kann mit der Inschrift wenig anfangen.

Nach dem Ersten Weltkrieg kauft Carl Caspar das Gelände, der Chef der Hanseatischen Flugzeugwerke AG in Hamburg. Der lässt hier zwar etliche Flugzeugtypen entwickeln, von denen 25 auch gebaut werden. Doch weil sie keinen Absatz finden, steuern die Caspar-Werke auf den Bankrott zu. Da hilft es auch nichts, dass der Reichsverband der Deutschen Luftfahrtindustrie Caspar immer wieder Seeflugzeuge erproben lässt – offiziell für zivile Zwecke. Denn es ist dem Deutschen Reich nach dem Ersten Weltkrieg laut Versailler Vertrag unter anderem verboten, eine eigene Luftstreitkraft aufzubauen. Doch diese Regeln unterläuft man gekonnt – auch in Travemünde. So bringt sich bis 1927 die Reichsmarine immer mehr in Caspars Firma ein und bereitet damit alles für die Erprobungsstelle der Luftwaffe vor.

„Die Pötenitzer Wieck, die sich wie ein Binnensee ausbreitet, war eine perfekte Start- und Landefläche für Wasserflugzeuge, und das Land schützte das Gebiet gegen den starken Seewind."

Gleichzeitig erlebte der Flughafen auf dem Priwall in jenen Jahren seine erfolgreichste Zeit. Dort, wo die Wiege der Seefliegerei stand, begannen dank der Deutschen Luft Hansa AG die Jahre als „Luftkreuz des Nordens" mit Verbindungen ins europäische Ausland: „Von hier konnte man damals zum Beispiel nach Kopenhagen, Göteborg und Oslo fliegen", sagt Ohlhoff. Diejenigen, die es sich leisten konnten, nutzten den Pendelverkehr von und nach Hamburg, Bremen, Hannover, Düsseldorf oder Westerland und gelangten so schnell ins Ostseebad.

So nahm 1929 die „Erprobungsstelle für Seeflugzeuge des Reichsverbandes der Deutschen Luftfahrtindustrie" auf dem Priwall ihre Arbeit auf. Alle großen Flugzeugwerke der damaligen Zeit, darunter Dornier, Heinkel, Junkers, Rohrbach und Arado, erprobten und verbesserten hier ihre Maschinen – zunächst noch nicht mit dem Augenmerk auf Militärflugzeugen. Start- und Rettungsmöglichkeiten wurden ausprobiert. Doch die zivile Luftfahrt verlor nach und nach für die Betreiber des Flughafens an Bedeutung.

„Ab 1935 entstanden dann in unmittelbarer Nähe zum Flugplatz etliche Neubauten, von denen einige noch heute stehen", weiß Ohlhoff mit Blick auf den Propeller vor dem Maritim-Hotel zu berichten. Die Flugzeughallen, Werkstätten und Barackenlager dienten nun aber ausschließlich der militärisch ausgerichteten Forschung. 1.200 Mitarbeiter waren hier 1939 beschäftigt, später stieg die Zahl der Beschäftigten sogar auf 1.600 – darunter mehr als 700 Zwangsarbeiter, über deren Schicksal so gut wie nichts bekannt ist.

„Die Briten begannen dann gleich im Mai 1945 mit der Demontage der E-Stelle und sprengten 1947 große Teile der militärischen Anlagen", sagt Ohlhoff über das Ende der Erprobungsstelle und der Seefliegerei in Travemünde. Noch heute bezeugen Betonbrocken auf dem Priwall, dass es den Flughafen dort tatsächlich einmal gegeben hat. Und in der Wiekstraße, wo sich einst der Haupteingang zur E-Stelle befand, steht heute eine aus roten Backsteinen gemauerte Stele mit einem Propeller, die an die Mitarbeiter erinnern soll, die im Zweiten Weltkrieg ums Leben kamen. So gibt es in Travemünde gleich zwei Luftschrauben als Erinnerung an die Seefliegerei und die damit einstmals beschäftigten Menschen. Doch wer nicht gerade Hotelgast im Maritim ist, wird an der einen jedenfalls kaum vorbeikommen.

„Die Briten begannen dann gleich im Mai 1945 mit der Demontage der E-Stelle und sprengten 1947 große Teile der militärischen Anlagen."

Heike Thissen

So geht's zum Seeflieger-Denkmal:

Der Flugzeugpropeller, der an die Erprobungsstelle auf dem Priwall erinnert, steht in Travemünde auf der Seeseite vor dem Maritimhotel (Trelleborgallee 2) auf dem Rasen.

Enthält alles, was ein echtes Lübecker Schiffssiegel braucht:
das Kunstwerk am Polizeigebäude in der Mengstraße.

37

Schiffssiegel

Wichtige Informationen am Polizeigebäude

Manchmal kommen die wichtigen Dinge ganz unscheinbar daher. Deshalb kann es geschehen, dass sie nicht
die Würdigung erhalten, die ihnen eigentlich zusteht,
und sie im schlimmsten Fall wenig beachtet ihr Dasein
fristen. So ähnlich ist es auch mit dem Schiffssiegel in der Mengstraße.
Das liegt unter Umständen daran, dass es als Schmuck des 1. Polizei-
reviers der Stadt thematisch eigentlich nicht an diese Stelle passt. „Leider geht das Schiffssiegel hier etwas unter, dabei ist es für Lübeck und
seine Geschichte enorm wichtig", findet Stadtführerin Marion Apsitis.

Das Original des Siegels, das in stilisierter Form am Polizeigebäude zu sehen ist, ist in drei historischen Varianten erhalten: In den Jahren 1223, 1255/56 und 1280 ließ die Stadt jeweils ein Schiffssiegel herstellen, wobei sich die Versionen nur in Kleinigkeiten voneinander unterscheiden. Der Künstler, der diese aktuelle Version am Polizeigebäude anfertigte, hieß Curt Stoermer (1891-1976). „Das ist eine moderne Version des Siegels aus dem Mittelalter, das seit 1223 überliefert ist", sagt Marion Apsitis. Es besteht aus Eisenstegen, die mit Platten hinterlegt sind, und schmückt seit 1958 das 1. Polizeirevier Lübecks. Zu sehen ist – wie es sich für ein Lübecker Schiffssiegel gehört – ein Segelschiff mit einem Mast. Daher hat dieses Stadtsiegel auch seinen Namen. Auf dem Boot sitzen sich zwei Personen gegenüber. Bei genauem Hinsehen erkennt man, dass die beiden Menschen eine Hand offenbar zum Schwur erhoben haben. Doch dazu, was genau sie sich gerade versprechen, gibt es mehrere Interpretationen. Marion Apsitis beschreibt eine davon: „Links vom Mast sitzt ein Kaufmann und rechts davon am Ruder ein Schiffer. Lange hat man das Siegel so gedeutet, dass sie mit ihrem Schwur die Handelsgemeinschaft der Hanse begründen, die Lübeck zu Ruhm und Ehre verholfen hat." Über ihnen am Mast weht die Flagge in den Farben Weiß und Rot, der Lübecker Wimpel, den lübsche Schiffer unter Androhung von Strafe auf ihrem Boot führen mussten.

Historiker Carsten Jahnke lieferte in einem Aufsatz über das Lübecker Schiffssiegel eine weitere Interpretation: „Es handelt sich hierbei um eine Alltagsszene aus dem Handelsleben einer nordeuropäischen Handelsstadt des beginnenden 13. Jahrhunderts." Der offenbar wenig seetaugliche Kaufmann muss sich mit der linken Hand an den Wanten festhalten. „Gezeigt wird die Aufnahme eines fremden, mitreisenden Kaufmannes an Bord eines nordeuropäischen Kauffahrtschiffes", deutet der Wissenschaftler den Befund und geht auch darauf ein, dass das abgebildete Boot keine Kogge, sondern ein Lastschiff sei, wie sie in Skandinavien und dem Nord- und Ostseeraum gebräuchlich waren. Die Lübecker Siegel könnten daher

„Das ist eine moderne Version des Siegels aus dem Mittelalter, das seit 1223 überliefert ist."

nicht als Ausdruck einer stolzen deutschen Handelsflotte, einer besonderen Bautradition oder aber als etwas genuin „Hanseatisches" gedeutet werden, fasst der Geschichtsforscher zusammen.

Was die Lübecker im Jahr 1223 tatsächlich mit ihrem Siegel ausdrücken wollten, wer wem einen Eid leistet und welches Schiff zu sehen ist? Darüber wird man noch lange diskutieren können. Fest steht, dass sie sich bereits 65 Jahre, nachdem ihre Stadt von Heinrich dem Löwen (um 1129/1130 oder 1133/35 -1195) auf der heutigen Altstadtinsel gegründet worden war, ein Siegel gaben, das bis heute Bestand hat und an verschiedenen Stellen in Lübeck zu sehen ist. Nicht unerheblich für die Entwicklung der Stadt ist dabei, dass ihr Gründer sie mit zahlreichen Rechten und Freiheiten ausstattete. „Das Siegel hier in der Mengstraße gefällt mir besonders gut, auch wenn viele Passanten nicht wissen, was es zu bedeuten hat", sagt Marion Apsitis. Egal, ob Kogge oder nicht Kogge und Schwur oder nicht Schwur: Schön anzusehen ist es allemal!

„Links vom Mast sitzt ein Kaufmann und rechts davon am Ruder ein Schiffer. Lange hat man das Siegel so gedeutet, dass sie mit ihrem Schwur die Handelsgemeinschaft der Hanse begründen, die Lübeck zu Ruhm und Ehre verholfen hat."

Heike Thissen

So geht's zum Schiffssiegel:

Das Schiffssiegel ist an der Fassade der Polizeistation in der Mengstraße 20 zu sehen.

38

Wappen

Die Schräglage bedeutet: Frieden!

A n mehreren Stellen in Lübeck kann man es entdecken – unter anderem an der Wand oberhalb der Bürgermeister-kapelle in der Marienkirche und – besonders prominent – am Rathaus: Die Wappen hängen schräg. Den Grund dafür kennt Karsten Bartels, der sich intensiv mit Lübecks Geschichte befasst hat. „In Lübeck sind alle Wappen der Stadt schräg gestellt", erklärt er. „Und das hängt mit der Praktik, sich mit Schilden zu schützen, zusammen." Der Schild hatte je nach Aufgabe des Kämpfenden in der Schlacht und je nach Epoche verschiedene Formen. Eine davon war der sogenannte Dreiecksschild. Und auf diese Dreiecks-schilde ließen die Adeligen, denen sie gehörten, ihr Wappen malen. Das hatte mehrere Gründe. Zum einen wollten sie als Mitglied der Nobilität ihren Status zur Schau tragen, denn damals durften nur Adelige ein Wappen führen. Zum anderen erhöhte das aufgemalte Wappen die Überlebenschancen auf dem Schlachtfeld ganz erheb-lich. Auch deswegen, weil der Schildträger von seinen Kampfgenos-sen sofort als Freund erkannt wurde. Auch dann, wenn er sich zum Beispiel einer Burg näherte, sahen die Wachen dank des Wappens sofort, ob sich Freund oder Feind näherte – ob er Gutes oder Schlech-tes im Schilde führte. Außerdem war ein gefangener Ritter weitaus mehr wert als ein toter. Das Fußvolk versuchte, wenn es möglich war, Ritter lebendig zu fangen, um Lösegeld von den Verwandten zu for-dern. War der Reiter jedoch von niederem Stand, sah es schlecht für ihn aus. Ein gefangener Soldat niederen Ranges kostete nur Geld, da man ihn ja zumindest ein bisschen ernähren musste, und ein Löse-geld war nicht zu erwarten.

Wie ein Wappen gestaltet war, beziehungsweise gestaltet werden durfte, unterlag strengen Regeln. So durfte ein Wappen zwar nach links – bzw. heraldisch, also vom Wappen aus gesehen, rechts – ohne weitere Gründe gekippt werden, aber in der Gegenrichtung niemals

Karsten Bartels zeigt auf die Wappen in der Marienkirche.

ohne Grund. Es kann also mehrere Gründe haben, warum das Lübecker Stadtwappen immer in dieser Weise schräg dargestellt wird. In Lübeck geht der Brauch letztlich auf das Jahr 1281 zurück," erklärt Karsten Bartels. „Damals wurde Kaiser Friedrich Barbarossa Stadtherr von Lübeck und sieben Jahre später verlieh er der Stadt wertvolle Privilegien. Er erteilte großzügig Land- und Wasserbesitz." Vor allem aber befreite er die Lübecker von der Heeresfolge, zu der sie als seine Gefolgsleute verpflichtet gewesen wären. Sozusagen als Gegenleistung mussten sie aber die Stadt bei Gefahr allein verteidigen. Der Kaiser hätte ihnen wohl auch kaum zu Hilfe kommen können. Das führte zur Bewaffnung der Bürger und vor allem – über Jahrhunderte hinweg – zum Ausbau von Befestigungsanlagen und deren ständiger Verbesserung und Erweiterung. Wann genau das Symbol der schrägen Wappen eingeführt wurde, ist schwer zu sagen. Vermutlich erst zu Beginn des 17. Jahrhunderts, als man bestrebt war, Handel als friedlich und mit Krieg unvereinbar darzustellen", erläutert er weiter. „Die schrägen Schilde sehen also aus, als wären sie an die Wand gehängt oder in die Ecke gestellt, was die friedliche Absicht kundtun sollte."

Schräge Wappen finden sich in Lübeck an vielen öffentlichen Gebäuden.

Das musste aber nicht heißen, dass Lübeck alles mit sich machen ließ! Denn ein Schild, der an der Wand hängt, kann sehr schnell wieder abgenommen werden. Und so verteidigte Lübeck seine Vormachtstellung in der Hanse und dem Ostseeraum samt Handel wenn nötig auch mit dem Schwert. Einer der Hauptrivalen der Hanse und damit Lübecks war Dänemark, gegen das die Stadt im Ersten (1361-1365) und Zweiten Waldemarkrieg (1367-1370), dem Sundzollkrieg (1426-1435) und dem Dänisch-Lübischen Krieg (1509-1512) kämpfte. Im Sundzollkrieg hatte Dänemark unter König Erik VII. (1382-1459) einen Zoll für jedes nicht-dänische Schiff erhoben, das den Öresund bei Helsingør durchqueren wollte. Dies war eine kritische Stelle, wenn man von der Ostsee nach Norden und schließlich in die Nordsee gelangen wollte. Das ließen sich Lübeck und die Hanse natürlich nicht gefallen, vor allem, da die passierenden Schiffe keinerlei Gegenleistung für den Zoll erhielten. Das Ergebnis des Krieges war eine dänische Niederlage, der Sundzoll wurde zwar nicht aufgehoben, Holländer und Engländer mussten weiterhin zahlen, aber die Hanse wurde an den Gewinnen beteiligt. Gelegentlich koalierten die Lübecker auch mit den Dänen, etwa im Nordischen Siebenjährigen Krieg (1563-1570) gegen die Schweden. Zu dieser Zeit waren

„Die schrägen Schilde sehen also aus, als wären sie an die Wand gehängt oder in die Ecke gestellt, was die friedliche Absicht kundtun sollte."

Dänemark, Schweden und Norwegen in der Kalmarer Union vereint. Als Schweden aus der Union austrat und ein eigenständiges Königreich wurde, verärgerte dies Dänemark, das federführend in dieser Union war. Es kam zum Krieg zwischen Schweden auf der einen und Dänemark, Polen und der Hanse auf der anderen Seite. Die Beteiligung der Hanse an diesem Konflikt ging von Lübeck aus, obwohl es keinen großen Rückhalt für dieses Vorgehen in der Hanse hatte. Schweden unterlag, musste Gebiete abtreten und die Hanse erhielt enorme Geldsummen als Reparation. Im Dreißigjährigen Krieg (1618-1648) konnte Lübeck neutral bleiben, auch den Siebenjährigen Krieg (1756-1763) überstand die Hansestadt ohne größere Schäden. Anders war es in der Schlacht von Lübeck (1806) während der napoleonischen Zeit. Hätte man sich zu jener Zeit noch mit Schilden geschützt – die Lübecker hätten sie schleunigst von den Wänden nehmen und in eine gerade Position bringen müssen.

Eva-Maria Bast

....

So geht's zu den Wappen:

Sie hängen unter anderem in der Marienkirche (Marienkirchhof) oberhalb der Bürgermeisterkapelle.

39

Kaiserliche Gedenktafel

Ein Balkon als Element der Verbindung

Was für eine Ehre! Im Jahr 1375 erhält Lübeck kaiserlichen Besuch – Kaiser Karl IV. (1316-1378) und seine Gattin Elisabeth von Pommern (um 1345-1393) geben sich die Ehre. „Nachdem Kaiser Carolus sonst alle Örter und Enden des Römischen Reichs durchzogen, hat er beschlossen, auch der Wenden Land und vornehmlich die Reichsstadt Lübeck zu besuchen", notiert Ernst Deecke 1852 in seinen *Lübische Geschichten und Sagen*.

Kaiser Karl IV. entstammte dem einflussreichen Haus der Luxemburger und war deutscher, böhmischer und burgundischer König, italienischer Titularkönig sowie Kaiser des Heiligen Römischen Reichs. Er konnte seine Hausmacht während seiner Regierungszeit unter größten Schwierigkeiten stark ausbauen. Als Hausmacht werden die Ländereien und Ämter bezeichnet, die dem Kaiser und seinem Geschlecht direkt unterstanden und ihm dadurch eine stärkere Position im Reich bescherten, sodass die Fürsten und die anderen Adligen nicht zu übermächtig waren. Unter Karl IV. wurde auch die Goldene Bulle von 1356, das bedeutendste Grundgesetz des Heiligen Römischen Reichs, erlassen. Diese regelte auch das Wahlrecht und die Anzahl der Kurfürsten bei der Wahl des römisch-deutschen Königs. Interessant hierbei ist die Tatsache, dass die Zustimmung des Papstes zur Erlangung des Kaisertitels nicht explizit erwähnt wird, damit also nicht mehr nötig war. Außerdem fällt in das Todesjahr Karls IV. das Große Abendländische Schisma, also die Spaltung der lateinischen Kirche in Europa, die bis 1417 anhielt. Das Schisma entstand aus den Differenzen zwischen dem Pontifikat und dem französischen König, was dazu führte, dass es zeitweilig sogar drei Päpste gleichzeitig gab. Karl IV. entschied sich, zum römischen Papst zu halten, trotz seiner eigenen Differenzen mit dem Vatikan.

Der Stadtführer Axel Schattschneider hat sich intensiv mit dem hohen Besuch beschäftigt und herausgefunden, dass der Kaiser in

Axel Schattschneider vor dem Haus, in dem einst der Kaiser wohnte.

Begleitung mehrerer Herzöge und Erzbischöfe, Freiherren und Ritter und natürlich seiner Gemahlin nach Lübeck reiste, wo er bereits vor den Toren der Stadt empfangen wurde. Denn „da sie nun der Stadt Lübeck genaht, ist ihnen alle junge Mannschaft, sowohl von den Junkern als andere, in schönster Ordnung und bester Zierrath entgegengezogen mit der Stadt Schlüsseln". Unter einem „Himmel, von Sammit und Goldstoff wohlgeschmückt" zog das kaiserliche Paar ein, „4 von den vornehmsten" hatten die Ehre, den Himmel zu tragen. Am Burgtor wurde das kaiserliche Paar mit seinem Gefolge von den Mönchen empfangen, „die hatten das Heiligthum bei sich und ein Stück vom heiligen Kreuz, das der Kaiser und die Kaiserin mit großer Ehrfurcht begrüßt und geküßt".

Das kaiserliche Domizil in der Königstraße.

Und natürlich standen die Lübecker Spalier, und zwar nicht irgendwelche Lübecker, sondern „die vornehmsten Frauen und Jungfern der Stadt in Perlen und Geschmeide und Seidenröcken". Der Prunkzug führte durch die Breitenstraße in die Stiftskirche, wo für den hohen Besuch konzertiert wurde und Kaiser und Kaiserin sich dem Gebet hingaben.

Erst dann bezog das Paar seine Herberge, die „auf das prächtigste zugerichtet gewesen" sei. „Und an dieser erinnert heute noch eine Tafel an den Besuch", sagt Axel Schattschneider. Zumindest an den des Kaisers. *Kaiser Karl IV. wohnte in diesem Hause Anno 1375*, ist an einem kleinen Erker unter einem Fenster zu lesen. Seine Gattin residierte nicht im selben Haus, sondern genau gegenüber. „Es wohnte der Kaiser aber in dem Eckhause an der Johannisstraße (die jetzige Harmonie), und die Kaiserin in dem Eckhause gegenüber, und es war ein köstlicher bedeckter Gang von dem einen Hause zum andern quer über die Gasse aus dem Fenster gemacht, damit beide zu einander gehen könnten, wann sie wollten", schreibt Ernst Deecke weiter.

Axel Schattschneider sagt: „Ich habe in der Ausbildung gelernt, dass sich Kaiser und Kaiserin bei einem Ausflug gestritten hätten und die Lübecker unter dem Balkon ausharrten, weil sie wissen wollten, wer sich nun zuerst entschuldigt und zum anderen rübergeht." Für diese Geschichte habe er aber nie eine schriftliche Quelle gefunden.

Belegt ist aber, dass der Kaiser in seiner Herberge „aufs ehrfürchtigste von dem ganzen Rath empfangen" wurde und sagte: „Die alten Verzeichnisse Unserer Tresekammer, von Unseren in Gott ruhenden Vorfahren her, weisen auf, daß diese Stadt eine von den fünf Herrenstädten des Reichs ist, und daß ihre Rathspersonen zu den Schöffen und Räthen des Kaisers gehören, die zu Ihm eingehen mögen, wann es ihnen gefällig; wie auch Eure Vorfahren gepflegt haben." Belegt ist auch, dass der Kaiser volle zehn Tage in der Stadt blieb, „die war Trommelns und Pfeifens und Posauns voll, und alle Tage gab es Stechspiele und Tanz und allerlei Kurzweil, daß es sich gar nicht beschreiben läßt".

„Ich habe in der Ausbildung gelernt, dass sich Kaiser und Kaiserin bei einem Ausflug gestritten hätten und die Lübecker unter dem Balkon ausharrten, weil sie wissen wollten, wer sich nun zuerst entschuldigt und zum anderen rübergeht."

Nur ob sich Kaiser und Kaiserin nun in schönem Einvernehmen all der Vergnügungen erfreuten oder tatsächlich verstritten waren und dadurch ein Schatten über ihrem Aufenthalt lag, das bleibt wohl ein echtes Lübecker Geheimnis.

Eva-Maria Bast

....

So geht's zur kaiserlichen Gedenktafel:

Sie hängt in der Königstraße gegenüber der Löwenapotheke. In der Löwenapotheke war einst die Kaiserin untergebracht.

40

Quartiersnummer

Adressenangaben aus vergangenen Tagen

W er als Besucher durch die Lübecker Altstadt schlendert, kommt aus dem Staunen kaum heraus. Jedes Haus ein Unikat, jeder Gang pittoresker als der benachbarte, jeder Hof romantischer als der vorherige. Bei all der Pracht aus Klinker und Fachwerk passiert es schnell, dass man die Kleinigkeiten übersieht. Dabei erzählen in der Hansestadt eben auch die kleinen Dinge manchmal eine große Geschichte. So wie die unscheinbare weiße Zahl *735*, die über einer grünen Haustür in der Straße An der Mauer geschrieben steht, zusätzlich zu der heute gültigen Hausnummer.

„Dabei handelt es sich um eine alte Quartiersmarke, die ein Relikt aus längst vergangenen Zeiten ist, als in Lübeck Straßen und Häuser noch anders organisiert waren als heute", sagt Lübeck-Kenner Bernd Thurau. Denn zwischen Ende des 15. Jahrhunderts und Mitte des 19. Jahrhunderts war die Altstadt in vier Quartiere aufgeteilt: das Johannis Quartier, das Jakobi Quartier, das Marien Quartier und das Maria-Magdalenen Quartier. Namensgeber waren die Schutzpatrone der Kirchen, die es in der Stadt gab, weswegen die Quartiere teilweise auch „Kirchspiele" genannt wurden. „Die Straßen waren noch nicht benannt und jedes Haus im Quartier erhielt eine eigene Nummer, anhand derer die Bürger die Adressen unterscheiden konnten", erklärt Thurau weiter. Die Zahl 735 beispielsweise verwies auf das entsprechende Haus im Johannis-Quartier.

Diese Aufteilung der Stadt in vier Bezirke geschah in den Jahren 1498 bis 1501. Hintergrund war vor allem die Organisation im Verteidigungsfall: Die Bürgerkompanien ließen sich quartiersweise einfacher organisieren, weil damit klar war, dass der Wohnsitz eines Bürgers darüber bestimmte, welcher Kompanie er angehörte. „Nach den Quartieren wurden nun die Bürger in Abtheilungen

---

Zwei Nummern zieren das schmucke Häuschen an der alten Stadtmauer. Die über der Tür ist eine alte Quartiersnummer.

getheilt, später in 26 Compagnien, von denen acht dem Marien Quartier, sechs jedem der drei anderen angehörten", erklärt Carl Friedrich Wehrmann 1876 in einem Beitrag über die Lübecker Quartiere. Außerdem erleichterte die Vierteilung der Stadt der Verwaltung das Leben enorm: Steuern konnten leichter ermittelt und erhoben, die Feuerversicherungen und Hypotheken einfacher festgelegt und die Bewohner schneller gezählt werden. Alle Häuser und Haushalte der Stadt waren so eindeutig einem Quartier zugeordnet. Nur die so genannten „kirchlichen Liegenschaften", wie die Besitztümer des Domkapitels, waren von der Einteilung ausgenommen und gehörten keinem der Viertel an.

Der Evangelist Johannes stand Pate für das Johannis Quartier, in dem sich auch die Quartiersmarke *735* befindet. Der Stadtteil im Südosten, in dem vor allem Kaufleute, Handwerker und Adlige lebten, sollte „anfangen bei dem Eckhause an der Breiten- und Johannisstraße" und

Wie an diesem Haus lassen sich auch andernorts in Lübeck noch Verweise auf die ehemaligen Quartiere finden.

„die Johannisstraße abwärts, rechte Seite, gehen, von da an der Mauer entlang bis an das Mühlenthor und durch die Mühlenstraße, den Klingberg und die Breitenstraße zurück". Im 21. Jahrhundert hätte die Beschreibung das Karstadt-Hauptgebäude als einen der Eckpunkte und die Dr.-Julius-Leber-Straße als eine der Grenzen genannt.

Das Jakobi Quartier im Nordosten schloss direkt an das Johannis-Quartier an. Benannt nach dem Pilgerpatron Jakobus, umfasste es das Gebiet zwischen der „Wacknitzseite und geht von der Ecke, wo die Apotheke (…) ist, die Breitestraße abwärts, rechte Seite, über den Kuhberg bis an das Burgthor, dann die Kaiserstraße hinab". An ihrem Ende führte die Quartiersgrenze an der „Mauer entlang bis an das Johannis-Kloster, die Johannisstraße hinauf, bis an die Apotheke zurück". Hier wohnten die Handwerker, die in ihrem Alltag mit Leder, Textilien und Bier zu tun hatten.

An der Johannisstraße stießen Jakobi Quartier und Maria-Magdalenen Quartier aufeinander. Letzteres, das dem Fernhandelshafen zugewandte Seefahrer- und Reisendenviertel, umfasste das Altstadtgebiet im Nordwesten und wurde begrenzt von Mengstraße, Breiter Straße, Kleiner Burgstraße, Kleiner Altefähre und der Straße An der Untertrave.

„Die Straßen waren noch nicht benannt und jedes Haus im Quartier erhielt eine eigene Nummer, anhand derer die Bürger die Adressen unterscheiden konnten."

Fehlt noch das Marien Quartier im Südwesten, das seinen Namen von der Marienkirche erhalten hatte und das vor allem von den Stecknitzfahrern, also den Flussschiffern, bewohnt wurde. Es lag zwischen Mengstraße, Breiter Straße, Sandstraße, Klingenberg, Mühlenstraße, Musterbahn und dem Traveufer.

Mehrere Jahrhunderte lang bestanden die Quartiere, ohne dass die einzelnen Gebäude durch Nummern voneinander zu unterscheiden gewesen wären. Diese Einteilung erfolgte erst 1796 und wurde 1798 von der Römhildschen Buchdruckerei in einem Adressbuch festgehalten, allerdings erhielten die Häuser im Zuge der Volkszählung 1815 noch einmal neue Hausnummern. Dieser Erhebung ist es zu verdanken, dass noch heute konkrete Zahlen zu den Einwohnern in jenem Jahr überliefert sind: Im Maria-Magdalenen Quartier wohnten 5.489 Lübecker, im Jakobi Quartier rund 5.319. Das Johannis Quartier mit seinen fast 6.651 Einwohner war das bevölkerungsreichste unter den vieren, gefolgt vom Marien Quartier und seinen 6.376 Bewohnern. 23.835 Menschen verteilten sich offiziell auf die Altstadt. Wobei die Zahl nicht ganz stimmt: Sie spiegelt lediglich die Einwohner christlichen Glaubens wider. Juden wurden von der Erhebung ausgenommen.

Als Lübeck begann, sich über die Altstadtinsel hinaus auszu-
dehnen, verloren die Quartiere zunehmend ihre Funktion. Die
Mehrheit der Bürger wohnte nun außerhalb der vier Bezirke, und
damit wurde die Einteilung für Verwaltungs-
aufgaben nutzlos. So kam es, dass sie ab der
zweiten Hälfte des 19. Jahrhunderts nicht
mehr verwendet wurde und ihre Bedeutung
ganz verlor. Doch wer genau hinsieht, der
kann die Relikte jener Jahrhunderte, als die
Straßen noch keine Namen aber die Gebäude
schon Quartiersnummern hatten, an mehre-
ren Stellen in der Stadt entdecken – unter anderem im ehemaligen
Johannis-Quartier in der Straße An der Mauer.

*„Nach den Quartieren
wurden nun die Bürger
in Abtheilungen
getheilt, später in 26
Compagnien.“*

Heike Thissen

....

So geht's zur Quartiersnummer:

*Das Haus mit der alten Quartiersnummer steht in der Straße An der
Mauer 51.*

Dr. Jan Lokers zieht an einer der Krampen. Und stellt fest:
Der Haken sitzt wie eh und je fest in der Mauer.

41

Krampen
Ketten gegen Durchmärsche und Aufstände

Sie sind ziemlich groß und beeindruckend: An mehreren Stellen in der Lübecker Altstadt stecken dicke, schwere Krampen im Mauerwerk. Wozu, fragt man sich, wenn man sie entdeckt, sind diese Metallteile gut? Was haben sie für einen Sinn? In der Tat erfüllen sie heute keinen Zweck mehr, früher hingegen waren sie ausgesprochen wichtig: „In diese Krampen wur-

Derartige Krampen kann man an mehreren Stellen in der Stadt entdecken.

den bei verschiedenen Anlässen schwere Ketten gehängt, das diente der Absperrung der Straßen", erklärt der Direktor des Stadtarchivs, Dr. Jan Lokers. „Es handelte sich um eine Sicherheitsmaßnahme zur Vorsorge, zum Beispiel bei Einmärschen. Wenn fremdes Militär in die Stadt kommen sollte, wollte man die Hauptstraßenzüge in Lübeck für Fuhrwerke und Pferde sperren, um den ungehinderten Durchmarsch zu vermeiden." Eine einzelne Person hätte vielleicht unter den Ketten hindurchkriechen oder hinüberklettern können, für Fuhrwerke sei das aber gänzlich unmöglich gewesen. Entfernen konnte sie auch keiner, da die schweren Eisenketten mit Schlössern versehen waren. „Den Schlüssel bekam ein verlässlicher Bürger vom Bürgermilitär oder von der Bürgerwache", erläutert Lokers. „Der andere Grund für die Absperrungen war, dass man bei Unruhen die Straßen schnell sperren musste, um die Situation zu befrieden."

Auch wenn Ratssitzungen stattfanden, habe man abgesperrt, damit die Ratsherren unbehelligt durch die Straßen kamen. Die Ketten waren aber nur eine der Maßnahmen, mit denen der Rat Unruhen und Aufständen begegnete: Er schickte auch Soldaten auf Patrouille und ordnete an, die Wohnhäuser der Bürgermeister einem besonderen Schutz zu unterstellen. Außerdem wurden Garnison und Bürgerwache immer dann in Alarmbereitschaft versetzt, wenn der Rat eine Situation als kritisch einschätzte. „Das waren zum Beispiel Urteilsverkündungen bei Prozessen, die die Stadtbevölkerung betrafen und die mit Bestrafungen einhergingen", erklärt Jan Lokers. Für Unruhe sorgten auch die Entwertung der Münzen im Jahr 1727 und die wiederkehrende Unzufriedenheit der Handwerksgesellen, die während des ganzen 18. Jahrhunderts Anlass zu Tumulten und Unruhen gaben. Der Rat reagierte mehrmals mit der Verschärfung der Sicherheitsregeln. „Man überlegte, wie die so genannte Zusammenrottung des Pöbels militärisch besser in den Griff zu bekommen wäre. Der Kommandant zählte seither fest zum Krisenstab des Rates bei etwaigen Aufläufen", erklärt der Stadtarchivar. Und: „Stadtkommandant Chasot verstand es, die Gefahr von innerstädtischen Tumulten dazu zu nutzen, eine Verstärkung der Garnison herbeizuführen." Letztere sei 1760/62 auf ihren Höchststand gebracht und danach wegen der Sorge um die innere Sicherheit in den 1770er-Jahren nicht wieder abgebaut worden. In diesem Zusammenhang entstanden auch die Krampen an den Häusern: „Ein Plan zur Abriegelung der Straßen bei Aufruhr und Postierung des Militärs lag 1759 vor", sagt der Historiker.

„Man überlegte, wie die so genannte Zusammenrottung des Pöbels militärisch besser in den Griff zu bekommen wäre. Der Kommandant zählte seither fest zum Krisenstab des Rates bei etwaigen Aufläufen."

Doch warum kam es überhaupt zu so vielen Unruhen? „Manche waren religiös bedingt und lagen im Umgang mit sogenannten fremden Religionen, zu denen neben Juden und Reformierten auch Katholiken zählten", sagt Lokers. Im 18. Jahrhundert hielten den Rat aber besonders die Handwerkerunruhen in Atem. „Sie waren unzufrieden mit ihrem Lohn, der stagnierte, obwohl die Lebenshaltungskosten stiegen, und mit ihren Aufstiegsmöglichkeiten, denn die Zahl der zugelassenen Meister war begrenzt."

Und an der Politik durften sie auch nicht in dem Maß teilhaben, wie sie das gerne getan hätten. Als Beispiel für einen solchen Aufstand nennt Lokers den der Bäckerburschen und weiterer Handwerker im Jahr 1751: Am 19. April legten die Gesellen der Bäcker ihre Arbeit nieder. „Ihnen gefiel nicht, dass ihre Amtsmeister Änderungen ihrer Gesellenprivilegien vorgenommen hatten", erklärt der Chef des Stadtarchivs und unterstreicht auch gleich die Dimension eines solchen Streiks: „Wenn Bäcker ihre Arbeit niederlegten, bedeutete das eine unmittelbare Gefahr für die Versorgung der Stadtbevölkerung mit dem Grundnahrungsmittel Brot und versetzte den Rat in höchste Alarmbereitschaft." Der Historiker vermutet, dass die Heftigkeit, mit der der Rat reagierte, genau damit zusammenhängt: „Am Tag nach dem Streik befahl der Rat Bürgerkompanien und Soldaten den Aufmarsch, die den Befehl hatten, im Zweifel sogar scharf zu schießen." Und tatsächlich habe es zur Auflösung einer Versammlung der Bäckergesellen „massiver Gewaltanwendung" bedurft. „Zwar nahmen daraufhin die Meister die kritisierten Änderungen der Gesellenprivilegien zurück (...), aber die Lage hatte sich damit nicht wirklich entspannt, wie sich kurz darauf zeigen sollte", schrieb Lokers in einem Aufsatz über das Thema. Schon im Juni 1751 gingen die Bäckergesellen erneut „aus der Arbeit", was zu einem allgemeinen Aufstand der Lübecker Gesellen führte: Um sich dem Zugriff der Obrigkeit zu entziehen, schlichen sie sich aus der Stadt und gingen nach Schwartau, „womit sie ein in der Gesellenschaft allgemein beliebtes Kampfmittel zum Einsatz brachten: das kollektive Verlassen der Stadt", erklärt Jan Lokers. Und weiter: „Die Befürchtung des Rates, dass sich auch die Gesellen anderer Ämter an der Unruhe beteiligen könnten, bewahrheitete sich bald, und der Rat ließ nun sogar Kanonen vor dem Rathaus aufstellen." Und tatsächlich habe sich der Streik ausgeweitet. Lokers schreibt: „In der Tat vermochten es die ‚Bäckerknappen', die Gesellen der anderen großen Ämter ebenfalls zu ‚Drohungen und Thätligkeiten' zu veranlassen." Von Schwartau aus stellten die Gesellen am 14. Juni in einem Elf-Punkte-Plan Forderungen auf, bei denen es vor allem um die Verbesserung der Gesellenrechte ging, was auch eine Kanne Bier am freien Abend beinhaltete. Um ihren Forderungen mehr Gewicht zu verleihen, plünderte eine Gruppe von Schneidergesellen das Haus des Bäckerältes-

„Tatsächliche revolutionäre Aktionen gab es zwar nicht in Lübeck, aber die Ketten kamen trotzdem weiterhin zum Einsatz. Damals waren die Krampen an den Häusern also durchaus noch von Nutzen."

ten. „Es erfolgte hierauf ein allgemeines Aufstehen der sämtlichen Ämter Gesellen", zitiert Lokers in seinem Aufsatz den Rat. „Die Lage war nunmehr so angespannt, dass der Rat fürchtete, mit eigenen Sicherheitskräften der Lage nicht mehr Herr werden zu können. Er rief die Bürgerschaft zusammen und schlug vor, von einer benachbarten ‚puissance' (Macht) Hilfssöldner auf eine bestimmte Zeit anzufordern." Doch das sei gar nicht mehr nötig gewesen, sagt Lokers, denn die vier Ältesten der vier großen Ämter seien bereit gewesen, die Forderungen der Gesellen zu erfüllen – unter der Bedingung, dass diese ihre Arbeit wieder aufnehmen.

Am 20. Juni 1751 wurden die Gesellen wieder in die Stadt gelassen. Die Ketten an ihren Krampen konnten nun einige Zeit ruhen. Aber nicht lange: Auch das Jahrzehnt nach 1790 war in der Folge der Französischen Revolution (1789-1799) unruhig. Lokers berichtet: „Tatsächliche revolutionäre Aktionen gab es zwar nicht in Lübeck, aber die Ketten kamen trotzdem weiterhin zum Einsatz. Damals waren die Krampen an den Häusern also durchaus noch von Nutzen."

Im Gegensatz zu heute. Wobei: Einen Nutzen haben sie eigentlich immer noch. Und zwar einen wichtigen. Den Nutzen, an die Geschichte der Hansestadt und ihrer Handwerker zu erinnern. Und damit sind sie sozusagen zu Erinnerungshaken geworden.

Eva-Maria Bast

....

So geht's zu den Krampen:

Sie finden sich an mehreren Stellen in der Stadt, zum Beispiel neben der Kirche St. Jakobi am Beginn der Königsstraße an den Pastorenhäusern.

42

Bergahorn
Ein Baum überdauert die Bauarbeiten

Wenn Dr. Felicia Sternfeld morgens in ihr Büro im Europäischen Hansemuseum geht, schaut sie immer wieder mal kurz bei einem alten Bekannten vorbei. Er ist ungefähr 130 Jahre alt, rund 15 Meter hoch und fügt sich so perfekt in das Ensemble des Museumsneubaus ein, dass fast der Eindruck entsteht, das Hansemuseum sei um ihn herum arrangiert worden. „Dieser Bergahorn ist für mich etwas ganz Besonderes und ich bin froh, dass er den Museumsbau so gut überstanden hat", erklärt die Museumsleiterin.

Dieser grub schon lange, bevor sich die Bürgerschaft der Hansestadt im Jahr 2010 für ein Hansemuseum im Nordwesten der Lübecker Altstadt entschied, oberhalb der Trave seine Wurzeln in die Erde. Das Areal, auf dem er steht, hat eine wechselvolle Geschichte hinter sich. „Seit spätestens dem 8. Jahrhundert haben hier verschiedene Herrscher Burgen und Verteidigungsanlagen errichtet", sagt Felicia Sternfeld über das Gelände. Ab dem 13. Jahrhundert hätten Dominikanermönche hier ein Maria-Magdalenen-Konvent aufgebaut, das mit dem Burgkloster in Teilen noch heute erhalten ist. Nach der Reformation trat 1531 ein Armenhaus an die Stelle des Klosters. Und in der benachbarten Kirche wurden nicht mehr katholische, sondern fortan evangelische Gottesdienste abgehalten.

Museumsleiterin Dr. Felicia Sternfeld freut sich jeden Tag aufs Neue über den Bergahorn, der das Gelände des Europäischen Hansemuseums schmückt.

Das galt bis 1806, als am 6. November französische Truppen die Hansestadt stürmten und den letzten Pastor erschossen. Ab 1818 wurde die Kirche abgerissen. Als auf dem ehemaligen Kirchplatz 1874 bis 1876 eine Schule errichtet wurde, dürfte der Bergahorn bereits als unscheinbares Pflänzchen unweit davon gestanden haben. Auch dass zwischen 1893 und 1896 die Gebäude des Burgklosters in ein Gericht samt Untersuchungsgefängnis umgenutzt wurden, hat er vermutlich bereits mitbekommen. „Im Gefängnishof gab es neun Einzelhöfe, in denen sich jeweils nur ein einziger Gefangener bewegen durfte. Ein Kontakt zu den anderen Häftlingen war streng untersagt", klärt die Museumsleiterin über die fächerförmigen Bodenmarkierungen auf, die im ehemaligen Priesterhof zu sehen sind.

Dass in den Gebäuden zu Zeiten des Nationalsozialismus auch Prozesse gegen Regimegegner stattfanden, die mit dem Todesurteil endeten, gehört zu den wenig rühmlichen Ereignissen auf dem Gelände. Während all dieser Jahre stand der Bergahorn am Hang und streckte ungeachtet dessen, was um ihn herum geschah, seine Äste der Sonne entgegen.

Weil er wegen seines Alters unter Naturschutz steht, kam es nicht in Frage, ihn für den Neubau des Europäischen Hansemuseums zu fällen. Marina Eismann vom Architekturbüro Studio Andreas Heller, das für den Bau verantwortlich zeichnete, kennt die Maßnahmen, die hierfür ergriffen wurden: „Die Wurzeln wurden umlaufend geschützt und ständig kontrolliert bewässert. Ein Sachverständiger hat regelmäßig überprüft, ob es dem Baum gut geht", sagt sie. Die Kosten für diese und weitere Schutzmaßnahmen seien erheblich, jedoch im Gesamtbudget von vornherein berücksichtigt gewesen. „Durch den Bau des Museums hat sich an den Standortbedingungen für den Baum nichts geändert, weil die Geometrie um ihn herum erhalten geblieben ist", erklärt Marina Eismann. Die Pflege während der Bauarbeiten habe dazu geführt, dass der Baum gesund sei und sich sehr gut weiter entwickelt.

„Ich bin froh, dass er den Museumsbau so gut überstanden hat."

So fügt sich der Bergahorn wunderbar ein in das Museum, das die Entwicklung der Hanse zur wirtschaftlichen und politischen Macht zeigt. „In unseren Ausstellungen zeichnen wir nach, wie sich Kaufleute zusammenschlossen, um ihren Handel im Ausland zu fördern, und wie daraus ein Städtebund entstand, zu dem einmal fast 200 Städte gehörten", erklärt Felicia Sternfeld. Mitte des 14. Jahrhunderts war es, dass sich niederdeutsche Fernkaufleute in der Hanse zusammenschlossen, um trotz aller Konkurrenz untereinander gemeinsam ihre wirtschaftlichen Interessen zu verfolgen. Mehr als 400 Jahre lang bestimmte dieser Bund an der Nord- und der Ostsee nicht nur Wirtschaft und Handel, sondern auch die Politik maßgeblich mit. Seine Mitglieder brachten es durch die Geschäftsbeziehungen in ferne Länder zu Wohlstand und Reichtum. Doch schon ab Mitte des 15. Jahrhunderts schwand der Einfluss der Hanse wieder. Als der Dreißigjährige

Krieg (1618-1648) den Handelsraum der Kaufleute zerstörte, war der Anfang vom Ende eingeläutet. An all die guten und auch die schlechten Jahre erinnert das Europäische Hansemuseum.

„Der Neubau verbindet traditionell handgefertigten Backstein mit eleganter Moderne", erklärt Felicia Sternfeld. Von der Trave her betrachtet ähnelt die Fassade der mittelalterlichen Stadtmauer, die früher unweit des Burghügels verlief. „Wenn man sich dem Gebäude von der Seitenstraße aus nähert, erkennt man, dass der Bau an

„Der Neubau verbindet traditionell handgefertigten Backstein mit eleganter Moderne."

eines der giebelständigen Bürgerhäuer erinnert, wie sie für Lübeck typisch sind." Außerdem nehme die Museumsfassade mit dem so genannten Vierpass aus vier Kreisbögen eines der prägnantesten Motive der Backsteingotik auf.

Dass die Baustelle kompliziert war und über mehrere Jahre in Lübeck für Gesprächsstoff sorgte, ist dem Ensemble aus Alt und Neu nicht mehr anzusehen. Dabei mussten in den Jahren 2012 bis 2015 in den zwölf Meter hohen Hügel Betonpfähle bis zu 25 Meter in die Tiefe gerammt und eine Menge von rund 1.000 Lastwagen Erde während der Bauarbeiten bewegt werden. Von Anfang 2012 bis Ende 2014 waren zudem Archäologen auf dem Gelände tätig. Durch die spektakulären archäologischen Funde und deren Sicherung wurde der geplante Termin der Eröffnung mehrmals nach hinten verschoben. Doch im Mai 2015 war es dann so weit: Das Museum öffnete in Anwesenheit von Bundeskanzlerin Dr. Angela Merkel seine Tore. Seitdem steht der Bergahorn mitten auf dem Gelände eines der größten Museen seiner Art weltweit. Und es geht ihm blendend damit.

Heike Thissen

So geht's zum Bergahorn:

Er steht inmitten der Anlage des Europäischen Hansemuseums links vom Aufgang an der Untertrave. Die Adresse lautet An der Untertrave 1.

Löcher

Damit der Wind hindurchpfeifen kann

S ehen Sie die Löcher?", fragt Ilona Auschra und deutet an der Rathausfassade weit nach oben. Löcher? Am Rathaus? In der Tat! Sie befinden sich hoch oben am Giebel. Wobei man bei Löchern erstmal an etwas Negatives denkt. Löcher im Socken liebt keiner, Löcher im Geldbeutel auch nicht, Löcher in Straßen schon gleich gar nicht – da kann ein Loch im Rathaus doch auch nichts Gutes sein. Oder? „Doch", sagt die Gästeführerin. „Diese Löcher wurden nämlich geschaffen, um Schäden zu vermeiden." Und das war den Lübeckern natürlich ausgesprochen wichtig, schließlich setzten sie ab 1230 – gerade seit vier Jahren waren sie Bürger einer Freien Reichsstadt – über die Jahrhunderte immer wieder Stein auf Stein, bis es endlich in voller Pracht erstrahlte, das Rathaus, zunächst bestehend aus drei Giebelhäusern im spätromanischen Stil.

Zu Reichtum gekommen, wollten die Kaufleute und Ratsherren einen Festsaal. So wurde von 1288 bis 1308 das Danzelhus (Tanzhaus) gebaut. Nicht nur die Damen, auch ihre Herren trugen bei Festen kostbare Gewänder. Man zeigte sich und seinen Reichtum. Und weil damals viele Geschäfte noch per Handschlag besiegelt wurden, ist wohl auch so mancher Vertrag während einer Festlichkeit geschlossen worden.

„Diese Löcher wurden nämlich geschaffen, um Schäden zu vermeiden."

„Damals sah das Rathaus natürlich noch ganz anders aus", sagt Ilona Auschra. So kam 1435 unter dem damaligen Stadtbaumeister Nikolaus Peck das sogenannte „Neue Gemach" im spätgotischen Stil mit seinen glasierten Backsteinen, den Türmchen und den typischen Bögen hinzu. In dessen Erdgeschoss befand sich eine offene Gewölbehalle für das Markttreiben. Das darüber gelegene „Neue Gemach" wurde ab dem 18. Jahrhundert auch Kriegsstube genannt, auf der Seite zur Breiten Straße hin befindet sich eine prächtige Renaissancetreppe. Leider wurde das

Löcher können auch ihr Gutes haben, findet Ilona Auschra.

Gemach während des Zweiten Weltkriegs zerstört, bis dahin beinhaltete es eine wertvolle Ausstattung, 1594 bis 1613 gestaltet von Tönnies Evers dem Jüngeren. Evers (1550-1613) war ein Lübecker Bildschnitzer und gilt als ein Meister seines Fachs sowie als bedeutendster seiner Zunft in der Spätrenaissance. „Vor dem Bau des Neuen Gemachs auf der Marktnordseite wurde das Rathaus um diese riesige Schauwand erweitert", schildert die Lübeckerin. Diese wurde von Peck 1435 erhöht und mit den drei Türmen versehen, den so genannten „Riesen". Und in diese Schauwand, die vor allem dazu da ist, schön auszusehen, ließ man Windlöcher ein. „Diese Löcher hatten den Zweck, bei schweren Stürmen Druck von der Mauer zu nehmen, sodass der Wind sie nicht eindrückte", erklärt die Stadtkennerin. Denn zuweilen bläst in der Küstenstadt Lübeck doch ein ordentlicher Wind. Die kleineren Löcher in der Fassade zur Marienkirche hingegen seien reine Zierde und dienten nicht der Mauerentlastung.

Löcher im Rathaus. Aber warum?

Durch das Lübecker Rathaus, Symbol der Selbstständigkeit und des Bürgerstolzes, weht also immer ein frischer Wind!

Eva-Maria Bast

So geht's zu den Löchern:

Man kann sie auf der Nordseite des Rathauses gut erkennen. Sie befinden sich ganz oben an der Fassade.

Das beschädigte Relief zeigt zwei Waisenkinder und erinnert an die ehemalige Nutzung des Gebäudes.

44

Waisenkinder-Relief
Ein sicherer Ort für die Verlassenen

Ein Junge und ein Mädchen in zeitgenössischer Tracht, ein Kreuz und die Jahreszahl 1617 sind alles, was vom Lübecker Waisenhaus in der Weberstraße 1 geblieben ist. Die Kinder sehen ziemlich mitgenommen aus, ihre zum Gebet erhobenen Hände sind zerschlagen. Ihm fehlen die Füße, ihr ein Teil des Haarschopfs. Die Zeit hat den beiden, die an der Fassade Richtung Aegidienhof zu sehen sind, arg zugesetzt. „Gut, dass es dasselbe Relief auf der Rückseite des Gebäudes noch einmal gibt, da kann man sie besser erkennen", sagt Bernd Thurau. Und tatsächlich: Auch Richtung Weberstraße sind die Kinder an der Fassade auf einer Replik der originalen Tafel zu sehen. Hoch über den Köpfen der Passanten halten sie die Erinnerung an eine Zeit aufrecht, als Kinder nach dem Tod ihrer Eltern oft ganz auf sich alleine gestellt waren.

„Auf der heruntergekommeneren, aber farbigen Variante des Sandsteinreliefs sieht man noch, dass die Kinder rote und blaue

Anziehsachen trugen. Das war damals die einheitliche Kleidung für die Lübecker Waisen", erläutert Bernd Thurau. Außerdem handle es sich bei dem Kreuz zwischen den Dargestellten um das so genannte Lübecker Waisenkreuz, das Kreuz des Michaeliskonvents. „Das liegt daran, dass das Waisenhaus im Michaeliskonvent eingerichtet wurde." Die Zahl 1617 taucht nicht nur auf den Tafeln, sondern an mehreren Stellen in dem Gebäude auf. Vermutlich wurde das Waisenhaus in jenem Jahr umgebaut.

Bernd Thurau blickt hinauf zu der Sandsteinplatte, die einen Jungen und ein Mädchen zeigt.

Knappe 70 Jahre zuvor hatte Lübeck einen unglaublich harten Winter erlebt. Zur eisigen und anhaltenden Kälte 1546/47 gesellten sich Lebensmittelknappheit und Hungersnot, die nicht nur viele Kinder, sondern auch unzählige Erwachsene das Leben kosteten. „Die Leute waren so verzweifelt, dass sie sprichwörtlich ins Gras bissen, nämlich aus lauter Hunger Gras oder Baumrinde aßen", beschreibt Bernd Thurau die prekäre Situation Mitte des 16. Jahrhunderts. In der Festschrift zum 300-jährigen Bestehen des Waisenhauses, die im Jahr 1847 erschien, steht: „Der vorhergehende Winter war so strenge, daß man von Seeland nach Schonen zu Fuß über das Eis gehen konnte, war Ursache, dass das Winterkorn in der Erde erfror und die Ernte überaus schlecht ausfiel. Da nun auch die aus der Fremde erwarteten Zufuhren bei der Verbreitung dieses Ungemachs über alle benachbarten Länder ausblieben, so entstand in Lübeck eine solche Teurung, daß man bald weder Korn noch Brod anders als zu unmäßigsten und für die Armen ganz unerschwinglichen Preisen erhalten konnte." Es herrschte schlimmste Hungersnot, vor allem unter den Armen. Hinzu kamen seuchenartige Krankheiten, denen die geschwächten Menschen nichts entgegensetzen konnten.

„In der Folge lebten immer mehr Kinder auf der Straße und mussten um etwas zu essen betteln", sagt der passionierte Gästeführer. Also
taten sich etliche Lübecker Bürger zusammen und baten beim Rat der
Stadt um einen geeigneten Raum, damit diese Waisen betreut werden
konnten. Diesen erhielten sie in einer ehe-
maligen Pilgergaststätte in der Mühlenstraße
(siehe Geheimnis 09). „Das war eines der
ersten seiner Art, vielleicht sogar das erste
Waisenhaus in Deutschland überhaupt",
vermutet Thurau. Entsprechende Einrichtungen sind beispielsweise für Augsburg erst
für 1572, für Hamburg für 1597 und für Frankfurt am Main für das Jahr
1647 überliefert.

> *„Das war eines der ersten
> seiner Art, vielleicht sogar
> das erste Waisenhaus in
> Deutschland überhaupt."*

   „Weil das Haus nur ehelich geborene Kinder aufnahm und sie
somit das volle Mitgefühl der Lübecker hatten, ging es dem Waisenhaus finanziell schon bald recht gut", weiß Thurau. Es wurde in Testa-
menten bedacht, erhielt Schenkungen und Spenden. Die unehelichen
Waisen und Findelkinder wurden derweil im St.-Annen-Armen- und
-werkhaus und von der Armenanstalt versorgt.

   1556 konnten die Waisen aus der Mühlenstraße samt ihrem Gast-
meister – einem verarmten Schiffskapitän mit seiner Frau – und ihren
Lehrern in ein eigenes Haus, nämlich das ehemalige Michaelisstift
umziehen. Bis 1810 ist das Waisenhaus an dieser Stelle überliefert,
danach zog die Einrichtung in die frühere Domdekanei um. Aber auch
heute noch sind Kinder im Aegidienhof in großer Zahl anzutreffen:
Das Gebäudeensemble inmitten der Altstadt ist das größte soziale
Wohnprojekt in Schleswig-Holstein.

Heike Thissen

So geht's zum Waisenkinder-Relief:

*Die beiden Reliefs befinden sich an der Straßen- und der Hofseite des
Gebäudes Weberstraße 1.*

45

Löwenstatuen

Letzte Zeugen des Hotels Stadt Hamburg

D iese beiden Löwen sind berühmt! Sie werden täglich viele Male fotografiert und per Klick mit dem Smartphone rund um die Welt geschickt. Kaum ein Reiseführer kommt ohne eine Ansicht der beiden Tiere aus. Das liegt gar nicht so sehr an ihnen selbst, sondern vielmehr an ihrem Standort: Sie ruhen vor dem Holstentor und bieten in Verbindung damit sowohl für Hobby- als auch für Profifotografen ein hervorragendes Bildmotiv.

Sogar in die Weltliteratur haben sie Eingang gefunden. Denn Thomas Mann (1855-1955) schreibt in seinen Kindheitserinnerungen, die er in seinem Roman *Tonio Kröger* verarbeitet hat: „Da war das Hotel, und da waren die beiden schwarzen Löwen, die davor lagen und vor denen er sich als Kind gefürchtet hatte", und meint damit eben jene Tiere, die heute neben der Possehlstraße lagern. Wie der Schriftsteller sich richtig erinnert, waren die Löwen gar nicht für diesen Standort gedacht und haben in Lübeck bereits mehrere Stationen hinter sich. „Thomas Mann hat die Situation wahrheitsgetreu wiedergegeben", sagt Hobby-Historiker Guido Weinberger, „denn zu seinen Lebzeiten standen die beiden tatsächlich noch vor einem Hotel und nicht vor dem Holstentor."

Die Löwen haben bereits eine lange Wanderschaft hinter sich, hat der Grafikdesigner herausgefunden. „Sie werden als Entwurf dem Bildhauer Christian Daniel Rauch zugeschrieben, aber erstellt hat sie sein Schüler und Mitarbeiter Erdmann Theodor Kalide", beginnt Weinberger zu erzählen. Die gusseisernen Tiere – eines schlafend, das andere wachend – entstanden in den Jahren 1822 bis 1824 in der Königlich-Preußischen Eisengießerei im oberschlesischen Gleiwitz. Im Jahr 1840 kamen sie nach Lübeck und standen fortan vor dem Haus des Konsuls Johann Daniel Jacobj (1798-1847) in der Großen Petersgrube 19 (siehe Geheimnis 05). Doch weil die

Guido Weinberger haben die beiden Löwen so fasziniert, dass er sich auf die Suche nach ihrer Geschichte gemacht hat.

Straße 1872 ihre Kanalisation erhielt und das Bodenniveau angepasst wurde, mussten einige Eingangstreppen – unter anderem die der Jacobjs – weichen. Also suchten die Erben der Familie einen Käufer für

Bewachen das Holstentor tagein, tagaus: die Löwen an der Possehlstraße.

die Könige der Tiere und wurden bei Carl Töpfer fündig. „Töpfer war Besitzer des Hotels Stadt Hamburg und hatte kurz zuvor die Fassade und den Treppenaufgang erneuern lassen. Er ließ die Löwen auf zwei Podesten vor seinem Haus am Klingenberg aufstellen. Und weil das Hotel als das beste Haus in Lübeck galt, dürften sie ziemlich viele illustre Gäste zu sehen bekommen haben", ist Guido Weinberger sich sicher. In der ersten Hälfte des 19. Jahrhunderts haben viele Adelige aus Russland hier genächtigt. Später bezogen unter anderem Kaiser Wilhelm II. (1859-1941) und sein Bruder Heinrich (1862-1929) hier Quartier, aber auch der Komponist Peter Iljitsch Tschaikowsky (1840-1893) sowie die Schriftsteller Thomas Mann und Stefan Zweig (1881-1942). Sie alle logierten im exklusiven Hotel Stadt Hamburg, wenn sie in Lübeck waren oder – wie im Fall von Tschaikowsky – sogar dann, wenn sie eigentlich in Hamburg zu Gast waren, aber keine Lust auf den Trubel um ihre Person dort hatten.

„Bei den Kindern im Viertel war es eine Mutprobe, sich auf die Löwen zu setzen und zu warten, bis der Portier des Nobelhotels auf sie aufmerksam wurde und sie verscheuchte", hat Guido Weinberger in Erfahrung gebracht. Warum er sich mit der Geschichte der Löwen so gut auskennt? „Ich habe Postkarten mit alten Innenaufnahmen aus dem Hotel gefunden. Das hat meine Begeisterung für das Haus entfacht. Und so kam ich auch auf die Löwen", erklärt Weinberger.

Die Lübecker Schriftstellerin Erica Grupe-Lörcher (1875-1960) hatte einen besonderen Bezug zu den Plastiken, wuchs sie doch als Nachfahrin von Jacobj in eben jenem Haus auf, vor dem sie ursprünglich positioniert waren. „Bei seinem Kunstsinn und seiner Liebe zu Lübeck würde es diesen Mann sicher in helle Begeisterung versetzen, wenn er jetzt den Platz sehen könnte, den die von ihm gestifteten und nach Lübeck gebrachten Bronzelöwen erhalten haben", war sie vom späteren Standort vor dem Holsten-

> *„Weil das Hotel als das beste Haus in Lübeck galt, dürften die Löwen ziemlich viele illustre Gäste zu sehen bekommen haben."*

tor überzeugt, „in einer Umgebung voll charakteristischer und historischer Schönheit der jahrhundertealten Hansestadt ruhen sie nun gleich Wächtern. Für mich immer wieder ein Gruß meiner Ahnen!" Zwar handelt es sich um gusseiserne und nicht um bronzene Löwen, aber sonst decken sich ihre persönlichen Erinnerungen weitgehend mit dem, was sich in der Literatur über die Tiere herausfinden lässt.

Dass der schlafende und der wachende Löwe durchaus über ein gewisses Sitzfleisch verfügen, lässt sich unter anderem daran erkennen, dass sie nicht nur diverse Reisen und Umzüge unbeschadet überstanden, sondern auch den Bombenangriff auf Lübeck in der Nacht vom 27. auf den 28. März 1942. „Das Hotel wurde dabei komplett zerstört, aber die beiden Statuen blieben unversehrt. Nur beim wachenden Löwen fehlt noch heute die Schwanzquaste, die damals Schaden genommen hat", erklärt Guido Weinberger. Daran, wie aufmerksam und beinahe vorwurfsvoll das Tier auf seinen ruhenden Kompagnon blickt, ändert das aber nichts.

Heike Thissen

....

So geht's zu den Löwenstatuen:

Die beiden Löwen ruhen vor dem Holstentor an der Possehlstraße.

46

Schild

Begehrter Platz bei Tagelöhnern

D as Schild verrät nicht viel. Besser gesagt: Es verrät gar nichts. Zwei Worte stehen darauf: *An Lögenbarg.* Was aber soll das bedeuten? „Auf dem Dach, ganz oben auf dem Giebel des Vorgängerbaus, befand sich ein großer Stern, der beleuchtet war", sagt der geschichtskundige Travemünder Siegfried Austel. „Ankommende Schiffe sollten sich an dem Stern orientieren. Wenn sie auf ihn zusteuerten, wussten sie, dass sie genau mittig in der damals noch flacheren Fahrrinne fuhren." So konnten sie mit mehr Wasser unter dem Kiel in Richtung Lübeck schippern.

Wenn sie auf den Stern in Travemünde zufuhren, lenkten die Kapitäne ihre Frachtkähne aber auch in Richtung der Männer, die am „Löwenberg", wie der Platz hieß, auf einer riesigen Bank saßen und warteten. „Und wenn das Schiff kam, dann brach Hektik aus", sagt Austel. „Denn wer am schnellsten am Schiff war, hatte die beste Chance, als Tagelöhner Arbeit zu bekommen. Diese Leute nannte man Löwen – und daraus ist dann der Begriff Lögenbarg entstanden." Das Wort „Löwen" hat sich im Volksmund zu „Lögen" verschliffen, weil sich die Männer während des Wartens so manche „dönches", also kleine erfundene, wahre oder erlogene Geschichten erzählt haben. Zu tun gab es viel für die Löwen, auch Schauerleute genannt, denn bis nach Lübeck kamen die Schiffe gar nicht erst, zumindest nicht voll beladen: Wer als Handelsmann in Lübeck seine Ladung löschen wollte, musste zwangsläufig durch Travemünde.

> „Denn wer am schnellsten am Schiff war, hatte die beste Chance, als Tagelöhner Arbeit zu bekommen. Diese Leute nannte man Löwen – und daraus ist dann der Begriff Lögenbarg entstanden."

Dort war die Fahrrinne zwischen dem Travemünder Hafen und dem Priwall nicht tief genug, sodass in Travemünde die Schiffe zunächst

Siegfried Austel kennt die Bedeutung dieses Schildes.

geleichtert werden mussten. Als „Leichtern" wird der Vorgang bezeichnet, bei dem die Schiffe teilweise entladen werden, damit sich ihr Tiefgang verringert und sie so durch die Fahrrinne passen. Die in Travemünde entladenen Güter wurden dann per Karren und Lasttieren bis nach Lübeck transportiert, wo die Waren umgeschlagen wurden.

Das Schild erinnert daran, wie wichtig diese Stelle früher für Tagelöhner war.

Die Bank, auf der die Schauerleute einst saßen und den ankommenden Schiffen entgegenblickten, war zwischenzeitlich verschwunden, steht mittlerweile auf Initiative des Heimatvereins Travemünde aber wieder. Vielleicht springen die Menschen, die auf dieser Bank heute Platz nehmen, ebenfalls hektisch auf, wenn sich ein Schiff nähert. Aber nicht, weil sie als Lögen die Ladung löschen wollen. Eher haben sie vielleicht Angst, das Schiff zu verpassen, denn etwa 500 Meter entfernt befindet sich die Schiffsanlegestelle für das Schiff „Hanse", mit dem Travemünder und ihre Gäste zu Wasser nach Lübeck gebracht werden: auf dem Weg, den früher die Waren genommen haben.

Eva-Maria Bast

So geht's zum Schild:

Es steht vor dem Geschäft der Bäckerei Junge, Vorderreihe 16.

Dr. Ulrich Beyer kennt die Geschichte des Mannes,
an den diese Tafel erinnern soll.

47

Gedenktafel

Ein früher James Bond

„Mein Name ist Inglis, Charles A. Inglis." Ob er sich so vorgestellt hat während seiner immerhin fast viermonatigen Agententätigkeit, bleibt reine Spekulation. Dass er sich aber gerne in dieser Rolle gesehen hat, unterstreicht der Kenner der Lübecker Stadtgeschichte Dr. Ulrich Bayer und beschreibt ihn als „einen James Bond, der sich erwischen ließ". Der kundige Stadtführer kennt die ganze Geschichte der Person und der Tafel, die an Carl Hans Lody (1877-1914) erinnert und auf der steht: *CARL HANS LODY starb für uns 6.11.1914 im Tower zu London.*

Das wirft Fragen auf: Wer war dieser Lody, was hat er mit Lübeck zu tun und wie kam es dazu, dass er 1914 in London hingerichtet wurde?

Lody arbeitet sich bei der Hamburg-Amerikanischen Packetfahrt-Actien-Gesellschaft, der Reederei HAPAG, vom einfachen Schiffsjungen bis zum Zweiten Offizier hoch und erhält 1904 das Kapitänspatent. Doch dann wird seine Sehkraft immer schwächer und eine Tätigkeit als Kapitän unmöglich. Lody sattelt um und ist ab 1909 als Reiseleiter tätig, unter anderem für ein amerikanisches Reisebüro. Kurz nach Ausbruch des Ersten Weltkriegs bietet er sich im August 1914 bei der Deutschen Admiralität in Berlin als Spion im Ausland an. Sein Ansinnen klappt: Aufgrund seiner guten Sprachkenntnisse wird er vom Marinenachrichtendienst als Agent eingestellt. Lody gibt sich als US-Bürger aus, reist über Umwege als Charles A. Inglis nach Edinburgh und beginnt seine Spionagetätigkeit auf der Flottenbasis Rosyth.

Gedenktafel für einen Spion.

Schon am 30. August 1914 kann er geheime Informationen via Stockholm weitergeben, die zum Versenken des britischen Kreuzers Pathfinder durch das deutsche U-Boot U21 führen. Nach anfänglichen Verdächtigungen wird er schließlich am 2. Oktober 1914 verhaftet, genau einen Monat später findet die Kriegsgerichtsverhandlung statt. Seinem Einwand, er habe als Offizier seines Landes (des Deutschen Reichs) legitim gehandelt, wird nicht stattgegeben, sondern er wird wegen Spionage zum Tode verurteilt und am 6. November von einem Erschießungskommando im Tower in London hingerichtet.

20 Jahre später, am 6. November 1934, enthüllen die Nationalsozialisten ein Denkmal zu Ehren von Carl Hans Lody am Burgtor in Lübeck. In einer Mauernische ist er als Ritter abgebildet, der eine Schlange zertritt. Die dazugehörige Tafel ist heute noch erhalten, da die britische Besatzungsmacht der Stadtverwaltung von Lübeck deren Entfernung 1946 verboten hatte. Das Hochrelief mit dem Ritter und der Schlange wurde 1946 aber entfernt. Doch was hat Lody mit Lübeck zu tun?

Eigentlich sehr wenig, wie Ulrich Beyer weiß. Der Lübeck-Bezug geht auf den nationalsozialistischen Volksbeauftragten des Lübecker Volksboten, August Glasmeier, zurück. Zuvor hatten sich der Chefredakteur des zunächst noch sozialdemokratischen Lübecker Volksboten, Julius Leber (1891-1945), sowie dessen Politikredakteur Fritz Solmitz (1893-1933) noch publizistische Gefechte mit dem NSDAP-Organ Lübecker Beobachter geliefert. Der Lübecker Volksbote war die wichtigste Stimme der sozialdemokratischen Lübecker Arbeiterbewegung. Doch Solmitz und Leber werden im März 1933 in nationalsozialistische „Schutzhaft" genommen – also inhaftiert – nachdem ihnen Anfang März bereits die weitere Mitarbeit verboten worden war. Im Mai 1933 wird die Zeitung „gleichgeschaltet" und damit zum parteiamtlichen Organ der Nationalsozialisten.

Glasmeier, der Gauredner war, wird Chefredakteur des Lübecker Volksboten, stilisiert Lody, den Agenten des Marinenachrichtendienstes aus dem Ersten Weltkrieg, zum Helden, der unerschütterlich an sein Vaterland geglaubt hat, und lässt für ihn ein Denkmal errichten. Es zeigt einen Ritter in voller Rüstung: Er trägt einen Harnisch mit heruntergelassenem Visier, Halsberge, Brustpanzer, Beinschienen und gepanzerte Schuhe – mit dem linken Fuß zertritt er eine Schlange. Aus der Darstellung ist nicht erkennbar, dass es sich um den Spion Lody handeln könnte, sie strahlt allgemeine Kampfbereitschaft aus, die Statue konnte für jeden stehen. Doch die darunter angebrachte Inschrift, der zweite Bestandteil – der heute noch zu sehen ist – weist diesem Archetyp eines Kämpfers den Namen des einstigen Schiffsjungen zu, der als Agent zur ersten Versenkung eines Kriegsschiffs der britischen Marine im Ersten Weltkrieg beitrug und dafür hingerichtet wurde.

Eva-Maria Bast

So geht's zur Gedenktafel:

Wer über die Burgtorbrücke stadteinwärts geht, sieht die Tafel auf der rechten Seite des Burgtors.

48

Relief

Reuiger Ehemann tut Buße

„**H**inrich Konstin hat seine Frau zu hart angefasst, sodass sie tot geblieben", zitiert Axel Schattschneider aus alten Quellen. An anderer Stelle, in Ernst Deeckes Sagenbuch *Lübische Geschichten und Sagen*, ist nicht von „hartem Anfassen", sondern von „große(m) Herzeleid" die Rede, das die Gattin das Leben kostete: „Herr Hinrich Konstin war ein reicher und angesehener Mann in Lübeck, aber leider sehr jähzornig. So tat er einst seiner Frau, die er gleichwohl sehr geliebt, ein großes Herzeleid an, daß sie sich nicht wieder erholt hat, sondern daran gestorben ist. Von Stund an hat er keine Ruhe mehr gehabt." Konstin, in anderen Quellen auch Constin geschrieben, habe „Haus und Geschäft einem treuen Diener" überlassen, seine Tochter verheiratet und sei 1468 „in das Heilige Land" gepilgert, „um Buße zu tun und Frieden für seine Seele zu gewinnen". Wie Schattschneider berichtet, sei er die Via Dolorosa abgegangen und das habe seiner verstorbenen Gattin offenbar so gut gefallen, dass sie ihm im Traum erschienen sein soll.

Von der Buße, die er sich selbst auferlegte, ist heute noch etwas in der Stadt zu sehen: die erste Kreuzwegstation, wie auch die Inschrift erkennen lässt, auf der zu lesen ist: *Hir beginet de crucedracht Christi bute de borchdare to Jherusale.* Will heißen: Hier beginnt die Kreuztragung Christi durch das Burgtor zum Jerusalemsberg. Begonnen wurde an der Jakobikirche, es ging weiter über die Breite Straße zum Marktplatz, dann durch das Burgtor zum Berg. „Dargestellt ist die Szene, in der Jesus vor Pilatus geschleppt wird, der die sprichwörtliche Handwaschung vornimmt", erklärt Schattschneider.

> „*Dargestellt ist die Szene, in der Jesus vor Pilatus geschleppt wird, der die sprichwörtliche Handwaschung vornimmt.*"

Axel Schattschneider erzählt: Dieses Relief hat ein reuiger Ehemann gestiftet.

Zwar ist der künstlerische Wert des Reliefs nicht sonderlich hoch, wie Peter Kallen in seinem Buch *Skulptur am Bau in der Lübecker Altstadt* urteilt: „Der Meister ist sicherlich nicht unter den besten Bildhauern Lübecks zu suchen. Er gehört wohl der nachgeordneten Kategorie der Bildhauer und -schnitzer an, die vor allem in den geschnitzten Altarfiguren des ländlichen Bereichs ihre Spuren hinterlassen haben." Aber das ist für Schattschneider auch nicht wichtig. Wichtig ist für ihn, dass dieser Kreuzweg einer der ältesten in ganz Deutschland ist. „Hier an der Jakobikirche befindet sich die erste Station. Den Berg, auf dem sich die letzte Station befindet, am Jerusalemberg 4, hat Konstin eigens aufschütten lassen." Im Gegensatz zu den anderen Stationen existiere diese, ebenso wie die erste, immer noch. Insgesamt sieben Stationen habe der reuige Mann errichtet. Die sieben Stationen des Kreuzwegs waren die zu jener Zeit übliche Darstellungsweise. Sie beziehen sich auf die sieben Tageszeiten des Stundengebets und die sieben römischen Passionskirchen. Die sieben Stationen werden auch „die sieben Gänge Jesu" genannt. In Bamberg gibt es einen Kreuzweg von 1503 mit neun Stationen, ab 1600 begann man, Kreuzwege mit 14 Stationen zu errichten, in einigen süddeutschen Barockkirchen gibt es sogar 15 Stationen.

Die Fertigstellung seines Kreuzwegs erlebte Hinrich Konstin nicht mehr: Er segnete 1482 das Zeitliche, der Kreuzweg wurde erst 1493 fertiggestellt. Der Stadt hatte er sein Vermögen vererbt – mit der Auflage, dass es für den Kreuzweg verwendet werden soll. Bestattet ist er neben seiner Frau Elsabe in St. Jacobi. Im Tode sind sie vereint. Allem zugefügten Herzeleid zum Trotz.

Eva-Maria Bast

....

So geht's zum Relief:

Es befindet sich an der Nordseite der Jakobikirche. Diese steht am Jacobikirchhof 3.

Das Gebäude, an dem diese Inschrift angebracht ist, soll im Jahr 1519 einen prominenten Gast beherbergt haben.

49

Schwedische Inschrift
Wo König Wasa Unterschlupf fand

In der Elisenstraße im Lübecker Stadtteil St. Lorenz-Nord steht ein Haus, über dessen Eingang eine Tafel mit einer eigenartigen Inschrift hängt: *Gustaf Leiksson Wasa sedermera Sveriges Konung bodde enligt teaditionen har, biltog. 1519.* Weil kaum jemand diese Zeilen kennt, wundert sich auch niemand darüber. Doch Heidrun und Dr. Ullrich Jettel, denen das Haus gehört, nehmen die Tafel natürlich sehr wohl wahr – jedes Mal, wenn sie nach Hause kommen. Und auch Birgit Rotter, die in unmittelbarer Nachbarschaft wohnt, ist immer wieder aufs Neue davon fasziniert. „Diese Inschrift ist auf Schwedisch verfasst und verweist auf den Besuch des späteren schwedischen Königs Gustav Eriksson Wasa im Jahr 1519. Es gibt zwar keine eindeutigen Beweise, aber es spricht einiges dafür, dass er auf seiner Flucht hier übernachtet hat", sagt Ullrich Jettel mit Blick auf die Zeilen. Seit 1938 zieren sie die Hausfassade, weil der damalige schwedische Konsul Hermann Buch sie anbringen ließ.

Im 16. Jahrhundert, also zu der Zeit, auf die die Tafel verweist, stand Skandinavien unter der Herrschaft Dänemarks. Vor allem die Schweden hatte unter dem hohen Steuerdruck, den König Christian II. (1481-1559) seinen Untertanen zumutete, zu leiden. Das wollten sie sich im Jahr 1517 nicht länger bieten lassen und lehnten sich gegen den ungeliebten Machthaber auf – ohne Erfolg. 1518 wurden sie besiegt und die Dänen nahmen sechs prominente Geiseln, darunter auch Gustaf Eriksson (1496-1560) aus dem Hause Wasa, Sohn eines führenden Politikers.

Sie wissen, was es mit der Tafel über der Eingangstür auf sich hat: Heidrun (Mitte) und Dr. Ullrich Jettel sowie Nachbarin Birgit Rotter halten die Erinnerung an den späteren König Gustav Eriksson Wasa wach.

Doch Gustav gelang über Flensburg die Flucht aus Jütland. „Er verkleidete sich dann wohl als Ochsentreiber und kam am 30. Oktober 1519 vor Lübeck an. Allerdings war es bereits Abend und die Tore waren verschlossen", erklärt Ullrich Jettel. Der spätere König, verfolgt von den Dänen, musste also schnell eine Bleibe finden und wurde – wenn die Geschichte stimmt – im heutigen Wohnhaus der Jettels außerhalb der damaligen Stadtmauern fündig. „Auf jeden Fall stand unser Haus in jenem Jahr bereits. Aber es gab auch noch etliche andere Herbergen, die als Übernachtungsmöglichkeit in Frage kommen", sagt Jettel. Auf jeden Fall sei der vermeintliche Ochsenhirt am nächsten Tag ins Stadtzentrum eingereist und sei dort für viele Monate geblieben. „Wegen der hohen Schiffszölle, die Dänemark erhob, stand die Stadt ohnehin in ständigem Streit mit Christian II. Deshalb gewährte sie dem Flüchtling Unterschlupf, unterstützte ihn finanziell und ermöglichte es ihm, im Mai 1520 wieder in seine Heimat zurückzukehren", hat Ullrich Jettel herausgefunden.

In Lübeck weiß kaum jemand, wo das so genannte Wasa-Haus steht. In Schweden hingegen galt das einfache Gebäude mit dem spitzen Dach jahrelang als eine Art Wallfahrtsort auf Deutschland-Reisen. „Bis vor wenigen Jahren hielten Busse mit schwedischen Gästen hier in der Straße", sagt Ullrich Jettel. Der spätere Monarch sei für die Skandinavier aus mehreren Gründen von großer Bedeutung: „Er hat die Wasa-Dynastie begründet, die 300 Jahre lang Schweden regierte. Er hat sein Land aus der dänischen Besatzung befreit und ab 1527 die lutherische Reformation eingeführt." Dabei spielte auch sein Aufenthalt in Lübeck eine große Rolle: Weil er ja weiterhin als politischer Flüchtling galt, den zu fangen sich die Dänen fest vorgenommen hatten, konnte er sich in der Hansestadt nicht frei bewegen, verbrachte 1519 viel Zeit mit der Lektüre von Luthers Schriften und lernte mehrere Luther-Anhänger kennen.

„Es spricht einiges dafür, dass er auf seiner Flucht hier übernachtet hat."

Als er 1520, in seine Heimat zurückgekehrt, die Dänen mit einem Heer aus Bauern und Bergarbeitern aus dem Land geworfen hatte und am 6. Juni 1523 unter dem Namen Gustav I. zum König von Schweden ernannt worden war, führte er die Reformation ein. Er starb 1560 als hochverehrter Landesvater. „Egal, ob er nun im Wasa-Haus in der Elisenstraße 4 übernachtet hat oder nicht: Lübeck hatte auf jeden Fall einen großen Anteil daran", fasst Birgit Rotter zusammen. Sie jedenfalls freut sich, dass in ihrer Nachbarschaft eventuell einmal so wichtiger Besuch übernachtet hat.

Heike Thissen

So geht's zur schwedischen Inschrift:

Sie ist am so genannten Wasa-Haus angebracht, das in der Elisenstraße 4 steht.

50

Ungleiche Türen
Von kleinen und großen Sündern

Gerrit Bahr, Mitarbeiter in der Abteilung Logistik, Statistik und Wahlen der Stadt Lübeck, steht im Erdgeschoss des Rathauses vor einem prächtigen Portal aus Holz. „Was fällt Ihnen hier auf?", fragt er und ist kurz davor, eines seiner liebsten Lübecker Geheimnisse zu lüften. Denn wer dem kunstvoll gearbeiteten Eingang auch nur einen kurzen Blick widmet, dem fällt auf, wie prächtig er ist. Aber wenn Gerrit Bahr oder einer der anderen Befugten die beiden Türen im Portal öffnet, wird das Besondere und Geheimnisvolle sichtbar: Die zwei Eingänge unterscheiden sich in ihrer Höhe – und zwar ganz deutlich! „Das ist weder Zufall noch ein Fehler des Künstlers, der sie geschaffen hat", versichert Bahr.

Denn der renommierte Lübecker Bildschnitzer Tönnies Evers der Ältere (vor 1540-1584) wusste im Jahr 1573 ganz genau, was er tat, als er das zweiflügelige Portal schuf. Er versah es mit einer Abbildung des Urteils Salomons und Allegorien der Gerechtigkeit und der Liebe. Wie passend! Denn hinter den unterschiedlich hohen Türen tagte im noch heute prunkvollen Audienzsaal viele Jahrhunderte lang das Obergericht. Hier wurde über Recht und Unrecht entschieden und so mancher Angeklagte schuldig gesprochen. „Diejenigen, die von den Ratsmitgliedern, die das Gericht stellten, verurteilt wurden, verließen den Saal durch die kleine Tür. Dafür mussten sie den Kopf einziehen und gebeugten Hauptes aus dem Raum treten", erklärt Gerrit Bahr. So wussten die draußen Wartenden sofort, wie das Verfahren für den Ange-

„Diejenigen, die von den Ratsmitgliedern, die das Gericht stellten, verurteilt wurden, verließen den Saal durch die kleine Tür. Dafür mussten sie den Kopf einziehen und gebeugten Hauptes aus dem Raum treten."

Gerrit Bahr gefällt die höhere der beiden Türen im Rathaus besser als die niedrige. Das hängt mit der Geschichte des Portals zusammen.

177

Auf einen Blick erkennbar: Eine große und eine kleine Tür führen in den prächtigen Audienzsaal – oder aus diesem hinaus.

klagten ausgegangen war. Hinzu kam, dass er dem Gericht nicht den Rücken kehren sollte, weswegen er beim Verlassen des Saales rückwärts gehen musste. „Damit er dabei nicht stolperte, ist das Bodenniveau von innen und außen beim niedrigeren Durchgang ebenerdig. Bei der großen Tür gibt es einen kleinen Absatz, über den niemand stolperte, weil die Menschen ihn immer vorwärts und erhobenen Hauptes passierten", erklärt der Rathauskenner weiter. Zu Letzteren gehörten Unschuldige oder die Ratsherren mit ihren hohen Hüten, weswegen die Lübecker hinter vorgehaltener Hand über das Portal auch sagten: „Die kleine Tür für kleine Sünder, die große für große."

Der Audienzsaal in seiner Gestaltung aus dem Jahr 1762 ist der einzige von den einst so zahlreichen prächtigen Innenräumen des Lübecker Rathauses, der erhalten blieb. Schon zu Zeiten von Evers dem Älteren wurde hier Gericht gehalten, aber auch noch im Jahr 1860, für das das Lübecker Adressbuch einen anschaulichen Eindruck vermittelt: „Das Obergericht hält seine regelmäßigen Sitzungen am Donnerstage im Audienzsaale des Rathhauses; auch hält es am ersten Donnerstage in jedem Monate ebendaselbst eine öffentliche Audienz für die ihm zugewiesenen Gegenstände der freiwilligen Gerichtsbarkeit", ist dort nachzulesen. Dieser so genannten „freiwilligen Gerichtsbarkeit" unterlagen zum Beispiel Verpfändung von Grundstücken innerhalb der Stadt,

Testamentseröffnungen und -bestätigungen oder Schenkungen. Im Jahr 1860 bestand das Obergericht aus vier rechtsgelehrten und einem kaufmännischen Mitglied des Senats sowie einem Sekretär. In seine Zuständigkeit fielen vor allem „Civilsachen", die mehr als 100 Mark Kapital betrafen, oder „Criminalsachen", wenn eine Geldbuße bis maximal 100 Taler oder eine Gefängnisstrafe bis zu sechs Monaten zu erwarten war.

> *„Ich vermute, dass aus jenen Zeiten auch der Ausspruch stammt, dass jemand seinen Hut nehmen muss. Denn nur ohne Kopfbedeckung passte der Verurteilte überhaupt durch die Tür."*

„Ich vermute, dass aus jenen Zeiten auch der Ausspruch stammt, dass jemand seinen Hut nehmen muss. Denn nur ohne Kopfbedeckung passte der Verurteilte überhaupt durch die Tür", sagt Gerrit Bahr und verlässt den Audienzsaal – natürlich vorwärts und erhobenen Hauptes – durch die größere der beiden Türen.

Heike Thissen

So geht's zu den ungleichen Türen:

Das Portal zum Audienzsaal befindet sich im Erdgeschoss des Lübecker Rathauses (Breite Straße 62) rechts des Haupteingangs.

Quellen, Literatur, Bildnachweis

Adams, Nicoletta: DuMont direkt Reiseführer Lübeck, Travemünde. Ostfildern 2015.

Aegidienhof e.V.: „Willkommen im Aegidienhof Lübeck". URL: https://www. aegidienhof-luebeck.de/. Abgerufen am 15.06.2017.

Ahrens, Gerhard: „Fehling-Familie". In: Bruns, Alken: Lübecker Lebensläufe aus neun Jahrhunderten. Neumünster 1993, S. 117-125.

Ahrens, Roswitha; Sinner, K.-E.: Warum der Kohlmarkt „Kohlmarkt" heißt. 1809 Lübecker Straßen, Gänge & Höfe – ihre Namen, ihre Lage. Lübeck 2012, S. 85 f., S. 119.

Albrecht, Thorsten: Das Holstentor in Lübeck. Wahrzeichen und Museum. Lübeck 2011.

Albrecht, Thorsten: Travemünde. Vom Fischerort zum See- und Kurbad. Lübeck 2005, S. 170, 175, 179, 181, 187 f., 197 f., 201, 224, 225, 231, 232, 237, 263, 279.

Altenmüller, Irene: „Auf den Spuren Willy Brandts durch Lübeck". URL: http:// www.ndr.de/kultur/geschichte/koepfe/ Auf-Spuren-Willy-Brandts-durch-Luebeck,willybrandtluebeck101.html. Abgerufen am 22.05.2017.

Andresen, Rainer: Lübeck: Das alte Stadtbild. Geschichte, Kirchen, Befestigungen. Lübeck 1980, S. 48-51.

Bartoschek, Lutz; Saager, T.; Saager, W.-R.: 125 Jahre Nahverkehr Lübeck: ein Streifzug durch die Geschichte. Lübeck 2006.

Bildungs- und Tagungszentren der Bauwirtschaft: „Abbundzeichen und Holzverbindungen". URL: https://de. slideshare.net/markuspape94/ abbundzeichen-und-holzverbindungen. Abgerufen am 31.05.2017.

Bonah, Christian: „Fortschritt und Fortschrittsglaube. Ein Rückblick auf den Lübecker Impfskandal von 1930 und seine Bedeutung für die Biomedizin des 20. Jahrhunderts". In: Focus Uni Lübeck. Zeitschrift für Wissenschaft, Forschung und Lehre an der Universität zu Lübeck. 28. Jahrgang, Heft 2. Lübeck 2011, S. 20-29.

Bundeskanzler-Willy-Brandt-Stiftung: „Die Biografie von Willy Brandt". URL: http://www.willy-brandt.org/willy-brandt/biografie/. Abgerufen am 31.05.2017.

Cordes, Emil: Die Cholera in Lübeck. München 1868, S. 4.

Crome, August Friedrich Wilhelm: Geographisch-statistische Darstellung der Staatskräfte, sämmtlichen, zum deutschen Staatenbunde gehörigen, Ländern. Leipzig 1828, S. 428.

Dede, John: Der Handel des Russischen Reichs. Leipzig 1844, S. 323.

Deecke, Ernst: Lübische Geschichten und Sagen. Lübeck 1852.

Deecke, Ernst: „Kaiser Karl IV. in Lübeck". In: Lübische Geschichten und Sagen. Lübeck 1852, S. 141-144.

Deecke, Ernst: Die Hochverräther zu Lübeck im Jahre 1384. Lübeck 1858.

Deutsche Bundesstiftung Umwelt: „Hilfe für das ‚steinerne Märchen': Experten retten Lübecker Rathausanbau". URL: https://www.dbu.de/123artikel25432_2442.html. Abgerufen am 10.06.2017.

Digitales Pressedienstarchiv Lübeck: „1. April 1937: Die Stadt Lübeck endet". URL: http://www.luebeck.de/aktuelles/presse/pressedienstarchiv/view/2012/3/120213L/. Abgerufen am 31.05.2017.

Digitale Stadtbibliothek Lübeck: „Lübeckisches Adreßbuch für 1916 mit Einwohnerverzeichnis der umliegenden Ortschaften". URL: http://digital.stadtbibliothek.luebeck.de/viewer/resolver?urn=urn:nbn:de:gbv:48-1-694725. Abgerufen am 05.06.2017.

Dittmann, Britta: Warendorp, Wullenwever und das Buddenbrookhaus. Unveröffentlicht.

Dittrich, Konrad: Lübeck: Kleine Stadtgeschichte. Regensburg 2014.

Dommer, Arrey von: „Buxtehude, Dietrich". In: ADB, Band 3 (1876), S. 667–668. URL: daten.digitale-sammlungen.de/bsb00008361/images/index.html?seite=669. Abgerufen am 08.06.2017.

Eickhölter, Manfred: „Elisenstraße 4, genannt ‚Die Schwedenkirche' oder ‚Gustav-Wasa-Haus'". In: Gesellschaft zur Beförderung gemeinnütziger Blätter (Hrsg.): Lübeckische Blätter. 182. Jahrgang, Heft 1. Lübeck 2017, S. 8-11.

Eickhölter, Manfred: „Das St. Gertrud-Gasthaus des Heiligen-Geist-Hospitals. Eine mittelalterliche Pilgerherberge in der Großen Gröpelgrube". In: Lübeckische Blätter, Ausgabe 13. Lübeck 2007, S. 222-224.

Europäisches Hansemuseum: Katalog. Lübeck 2016.

Everts, Karlheinz: „Todesfall von Louise Gräfin Baudissin geb. del Strother". URL: http://www.karlheinz-everts.de/schlichtz.htm. Abgerufen am 05.06.2017.

Flocken, Jan von: „Ein Mann, ein Lauf – Gustav Wasa". URL: https://www.welt.de/kultur/history/article1720996/Ein-Mann-ein-Lauf-Gustav-Wasa.html. Abgerufen am 11.06.2017.

Frisch, Paul (Hrsg.): Handels- und Seeberichte des Österreichischen Lloyd. 3. Jahrgang, Ausgabe Nr. 40 vom 19. Mai 1838.

Gemeindediakonie Lübeck: URL: http://www.gemeindediakonie-luebeck.de. Abgerufen am 27.06.2017.

Gemeinnütziger Verein zu Travemünde: „Porträt Erich Prüßing". URL: www.gvt-info.de/portrait_2001_1.html. Abgerufen am 10.06.2017.

Goetze, Jochen: „Zur Bedeutung der lübeckischen Schiffssiegel". In: Verein für Lübeckische Geschichte und Altertumskunde (Hrsg.): Zeitschrift des Vereins für Lübeckische Geschichte und Altertumskunde, Band 61. Lübeck 1981, S. 229-237.

Graßmann, Antjekathrin (Hrsg.): Lübeckische Geschichte. 4. Verbesserte und ergänzte Auflage. Lübeck 2008, S. 111-114.

Graßmann, Antjekathrin (Hrsg.): Lübeck-Lexikon, Die Hansestadt von A bis Z, Lübeck 2006, S. 76, 167, 338, 368.

Hamburger Abendblatt vom 09.08.1957.

Hansestadt Lübeck: „Audienzsaal". URL:

http://www.luebeck.de/tourismus/ sightseeing/sehenswuerdigkeiten/rathaus/ audienzsaal.html. Abgerufen am 11.06.2017.

Hansestadt Lübeck: Lübecker Friedhöfe. Burgtor-Friedhof. Lübeck 2007, S. 9-11.

Hansestadt Lübeck: Lübecker Friedhöfe. Vorwerker Friedhof. 100 Jahre von 1907-2007. Lübeck 2006, S. 25-30, 51 f.

Hansestädte.com: „Backstein. Der rote Baustoff der Hanse". URL: http://hansestaedte.com/backstein/. Abgerufen am 11.06.2017.

Hillmer, Angelika: „Das Rätsel einer Jahrtausendflut – nach 136 Jahren gelöst". In: Hamburger Abendblatt. URL: http://www.abendblatt.de/ratgeber/wissen/umwelt/article107380754/Das-Raetsel-einer-Jahrtausendflut-nach-136-Jahren-geloest.html. Abgerufen am 29.05.2017.

Hinrichs, Per: „Atombombe im Gully". In: Spiegel Online. URL: http://www.spiegel.de/einestages/vergessene-orte-a-946519.html. Abgerufen am 08.07.2017.

Hollinde, Michael: „Nur die Löwen am Holstentor erinnern an Lübecks ‚Adlon'". URL: http://www.ln-online.de/Lokales/Luebeck/Nur-die-Loewen-am-Holstentor-erinnern-an-Luebecks-Adlon. Abgerufen am 06.06.2017.

Höppner, Annaluise: Lübeck. Eine Hansestadt macht Geschichte. Lübeck 1986.

Jahnke, Carsten: „Zur Interpretation des ersten Lübecker Schiffssiegels". In: Verein für Lübeckische Geschichte und Altertumskunde (Hrsg.): Zeitschrift des Vereins für Lübeckische Geschichte und Altertumskunde. Band 88. Lübeck 2008, S. 9-24.

Kallen, Peter W.: Skulptur am Bau in der Lübecker Altstadt. Lübeck 1990, S. 28, S. 42 f., 98 f.

Kiesow, Gottfried: „Von Freitreppen und Bürgerstolz. Wie der Bürgersteig den Bürgerstolz verletzte". URL: http://www.monumente-online.de/de/ausgaben/2007/3/von-freitreppen-und-buergerstolz.php#.WULlZtxBrIU. Abgerufen am 15.06.2017.

Klaus, Bernhard: Plastik in Lübeck. Dokumentation der Kunst im öffentlichen Raum (1436-1985). Lübeck 1986.

Kleinheins, Tilmann: „Leben in der Pilgerherberge – damals und heute". In: Netzwerk Weitwandern e.V.: Wege und Ziele. o. A. 2011.

Krieg, Carl Julius: „Die mittelalterlichen Bauwerke in Lübeck". In: Deutsche Bauzeitung. 5. Jahrgang, Nr. 38. Berlin 1871, S. 302.

Kruse, Meike: Wo finde ich was? Quellen zur Hausforschung im Archiv der Hansestadt Lübeck. Lübeck 2010.

Kunst im öffentlichen Raum Lübeck: „Rathaus, Kämpferreliefs". URL: www.kunst-luebeck.de/kunstwerkedetails/rathaus-kaempferreliefs.html. Abgerufen am 15.06.2017.

Kunst im öffentlichen Raum Lübeck: „Stadtsiegel". URL: http://www.kunst-luebeck.de/kunstwerkedetails/stadtsiegel.html. Abgerufen am 22.06.2017.

Lebendiges Museum Online: „Willy Brandt 1913-1992". URL: https://www.hdg.de/lemo/biografie/willy-brandt.html. Abgerufen am 22.05.2017.

Leipziger Illustrirte Zeitung vom 14. Dezember 1871.

Leonberger Kreiszeitung: „Was alte Balken so alles erzählen können". URL: http://www.stuttgarter-zeitung.de/inhalt. was-alte-balken-so-alles-erzaehlen-koennen.c34ff29e-de52-45e9-a75b-d816871b034c.html. Abgerufen am 31.05.2017.

Lokers, Jan: „(Un-) Ruhige Stadtgesellschaft. Konflikt und Konsens im Lübeck des 18. Jahrhunderts". In: Zeitschrift für Lübeckische Geschichte, Band 90. Lübeck 2010.

Lübeck.de. Digitales Pressearchiv: „Sanierung der Kriegsstubenbau-Fassade des Rathauses beginnt". URL: http://www. luebeck.de/aktuelles/presse/ pressedienstarchiv/view/2002/5/020391r/. Abgerufen am 14.06.2014.

Lübeck, Archiv der Hansestadt: „Petersilienstraße". URL: http://archiv. luebeck.de/files/bast/apq01.pdf S. 15 bis 16. Abgerufen am 01.06.2017.

Lübeck, Archiv der Hansestadt: „Vom Staat zur Stadt". URL: http://archiv. luebeck.de/files/1937_-_Vom_Staat_zur_ Stadt_Programm.pdf.

Lübeckisches Adreß-Buch nebst Local-Notizen. Lübeck 1860, S. 23 ff.

Lübecker Yacht-Club (Hrsg.): Der Lübecker Yacht-Club und 100 wechselvolle Jahre. Lübeck 1998.

Lübeck Tourismus: „Rathaus". URL: https://www.luebeck-tourismus.de/ erkunden/sehenswuerdigkeiten/rathaus. html. Abgerufen am 09.06.2017.

Lubowski, Karin: „100 Jahre Strandbahnhof". URL: https://www.shz.

de/regionales/schleswig-holstein/100-jahre-strandbahnhof-id155400.html. Abgerufen am 19.06.2017.

Niederegger GmbH & Co. KG: Marzipan aus Liebe. Seit 1806. Lübeck 2006.

Nikolov, Russalka (Hrsg.): Das Burgkloster zu Lübeck. Lübeck 1992, S. 27-29.

Oddey, Markus: „Ein Stück sozialdemokratische Lebenskultur. Der ‚Lübecker Volksbote' zwischen Weimarer Republik und ‚Drittem Reich'". In: Uwe Danker u. a.: Am Anfang standen Arbeitergroschen. 140 Jahre Medienunternehmen der SPD, Bonn 2003, S. 96-100, (erweiterte Fassung). URL: http://www.beirat-fuer-geschichte. de/fileadmin/pdf/band_16/ Demokratische_Geschichte_Band_16_ Essay_7.pdf. Abgerufen am 17.06.2017.

Ostsee.de: „Lübecker Rathaus". URL: https://www.ostsee.de/luebeck/rathaus. html. Abgerufen am 09.06.2017.

Peter, Bernhard: „Der Schild - Neigung und Wendung". URL: http://www. dr-bernhard-peter.de/Heraldik/seite45a. htm. Abgerufen am 09.06.2017.

Ricker, Julia: „Petrus mit Brille. Vom Sehen im Mittelalter". In: Monumente, Magazin für Denkmalkultur in Deutschland, Ausgabe 4, 2012.

Risch, Sabine: „Lübecks bunte, liebenswerte Meile". URL: http://www. ln-online.de/Lokales/Luebeck/Luebecks-bunte-liebenswerte-Meile. Abgerufen am 29.05.2017.

Risch, Sabine: „Marzipan-Tradition in frischen Farben". URL: http://www. ln-online.de/Lokales/Luebeck/Marzipan-Tradition-in-frischen-Farben. Abgerufen am 18.06.2017.

Rohnstein, Detlef: „Abbundzeichen".
URL: http://www.modellbau-quedlinburg.
de/mbq/cms/upload/pdf/Abbundz-WEB.
pdf. Abgerufen am 31.05.2017.

Rossner, Christiane: „Das Geheimnis
besonders schmucker Ziegelsteine". In:
Monumente – Magazin für
Denkmalkultur in Deutschland. URL:
http://www.monumente-online.de/de/
ausgaben/2015/4/was-sind-
feierabendziegel-.php#.WSwIaOmWW3I.
Abgerufen am 29.05.2017.

Schaal, Mareike: „Die Abbundzeichen der
Zimmerleute". URL: http://www.
zimmerin.de/restauro/holzbau/
abbundzeichen/index.htm. Abgerufen am
31.05.2017.

Schäfer, Joachim: „Ägidius von St-Gilles".
In: Ökumenisches Heiligenlexikon. URL:
https://www.heiligenlexikon.de/
BiographienA/Aegidius.htm. Abgerufen
am 07.06.2017.

Schellenberg, Carl: „Beischlag". In:
Reallexikon zur Deutschen
Kunstgeschichte. Band 2. Stuttgart 1938,
S. 214-219.

Schiebe, August (Hrsg.): Universallexikon
der Handelswissenschaften. Leipzig/
Zwickau 1838, S. 323.

Schieferdecker, Johann Christian: „Der
königliche Prophete David / Als ein
Fürbild Unsers Heylandes / wird in einem
Oratorio bey bevorstehender
gewöhnlichen Abend-Music / in der
Kirchen zu St. Marien / (…).Lübeck
1714". URL: digital.stadtbibliothek.
luebeck.de/viewer/
image/1466074884008/3/. Abgerufen am
08.06.2017.

Schmitz, H. E.: Handbuch zur Geschichte
der Optik I: Von der Antike bis Newton.
Bonn 1981, S. 69-71.

Seenotretter: „Station Travemünde". URL:
https://www.seenotretter.de/wer-wir-sind/
teams-stationen/ansicht/station/
travemuende/. Abgerufen am 06.06.2017.

Seiffert, Max: „Tunder, Franz". In: ADB,
Band 38 (1894), S. 788-790. URL: daten.
digitale-sammlungen.de/bsb00008396/
images/index.html?seite=790. Abgerufen
am 08.06.2017.

Sellerbeck, Joerg: „Rückkehr zur alten
Form". In: Bürgernachrichten. Zeitung
der Bürgerinitiative Rettet Lübeck,
Nummer 102, 32. Jahrgang. Lübeck 2008,
S. 16 ff.

Spyzoo: „Carl Hans Lody". URL: http://
www.spyzoo.de/carl-hans-lody.html.
Abgerufen am 17.06.2017.

Städtebund Die Hanse: „Die Geschichte
der Hanse". URL: http://www.hanse.org/
hanse-historisch/die-geschichte-der-
hanse/. Abgerufen am 15.06.2017.

Stadtentwicklung Lübeck: „Der
Burgtorfriedhof". URL: http://
stadtentwicklung.luebeck.de/stadtgruen_
friedhoefe_2/friedhoefe/burgtor/index.
html. Abgerufen am 18.06.2017.

Stadtwerke Lübeck (Hrsg.): 75 Jahre
Verkehrsbetriebe Lübeck. Lübeck 1956.

Steenbeck, Alexander: „Als der Priwall
zum Flugplatz wurde". URL: https://www.
shz.de/regionales/luebeck/als-der-priwall-
zum-flugplatz-wurde-id5940481.html.
Abgerufen am 21.06.2017.

Stiftung Johann Füchting Testament: „Der
Füchtingshof". URL: http://www.
fuechtingshof.de/. Abgerufen am

20.06.2017.

St. Jakobi zu Lübeck: „Baugeschichte". URL: http://www.st-jakobi-luebeck.de/ index.php/st-jakobi/baugeschichte. Abgerufen am 18.06.2017.

Vorwerker Diakonie: URL: http://www. vorwerker-diakonie.de/soziale-angebote/. Abgerufen am 27.06.2017.

Vorwerker-Diakonie: „Leitziele". URL: https://www.vorwerker-diakonie.de/ ueber-uns/leitziele/. Abgerufen am 01.07.2017.

Wehrmann, Carl Friedrich: „Die Einteilung der Stadt Lübeck in vier Quartiere". In: Zeitschrift des Vereins für Lübeckische Geschichte und Altertumskunde. Ausgabe 3. Lübeck 1876, S. 601-604.

Wernicke, Horst: „Hansisches Europa. Die Leistungen des hansischen Kaufmanns und seiner Städte im spätmittelalterlichen und frühneuzeitlichen Europa. Skript zum Vortrag im Treff im Stift Obernkirchen". URL: http://www.treff-im-stift-obernkirchen.de/download/Prof_Dr_ Horst_Wernicke_Europa_und_die_ Hanse.pdf. Abgerufen am 21.06.2017.

Wikipedia: „Carl Hans Lody". URL: https://de.wikipedia.org/wiki/Carl_Hans_ Lody. Abgerufen am 17.06.2017.

Wikipedia: „Deutsche Gesellschaft zur Rettung Schiffbrüchiger". URL: https:// de.wikipedia.org/wiki/Deutsche_ Gesellschaft_zur_Rettung_ Schiffbrüchiger. Abgerufen am 06.06.2017.

Wikipedia: „Hinrich Constin". URL: https://de.wikipedia.org/wiki/Hinrich_ Constin. Abgerufen am 09.06.2017.

Wikipedia: „Hinrik Pasternostermaker". URL: https://de.wikipedia.org/wiki/ Hinrik_Paternostermaker. Abgerufen am 09.06.2017.

Wikipedia: „Lübecker Waisenhaus". URL: https://de.wikipedia.org/wiki/Lübecker_ Waisenhaus. Abgerufen am 15.06.2017.

Wikipedia: „Marien-Magdalenen Quartier". URL: https://de.wikipedia.org/ wiki/Quartier_(L%C3%BCbeck)#Marien-Magdalenen_Quartier. Abgerufen am 01.06.2017.

Wikipedia: „NATO-Doppelbeschluss". URL: https://de.wikipedia.org/wiki/ NATO-Doppelbeschluss. Abgerufen am 17.06.2017.

Wikipedia: „Pathfinder". URL: https://de. wikipedia.org/wiki/HMS_Pathfinder_ (1904). Abgerufen am 17.06.2017.

Wikipedia: „Petersilienstraße". URL: https://de.wikipedia.org/wiki/ Petersilienstra%C3%9Fe. Abgerufen am 01.06.2017.

Wikipedia: „Quartier (Lübeck)". URL: https://de.wikipedia.org/wiki/Quartier_ (Lübeck). Abgerufen am 06.06.2017.

Zauberpflanzen: Vom Zauber der Pflanzen einst und heute. URL: http:// www.zauber-pflanzen.de/petrosel.htm. Abgerufen am 01.06.2017.

Bildnachweis

S. 20: Wolfgang Maxwitat
S. 31: DGzRS - Die Seenotretter
S. 112: Martin Lemke, eigenes Werk via Wikimedia Commons
S. 150: Dr. Felicia Sternfeld
S. 151: Anja Hagge

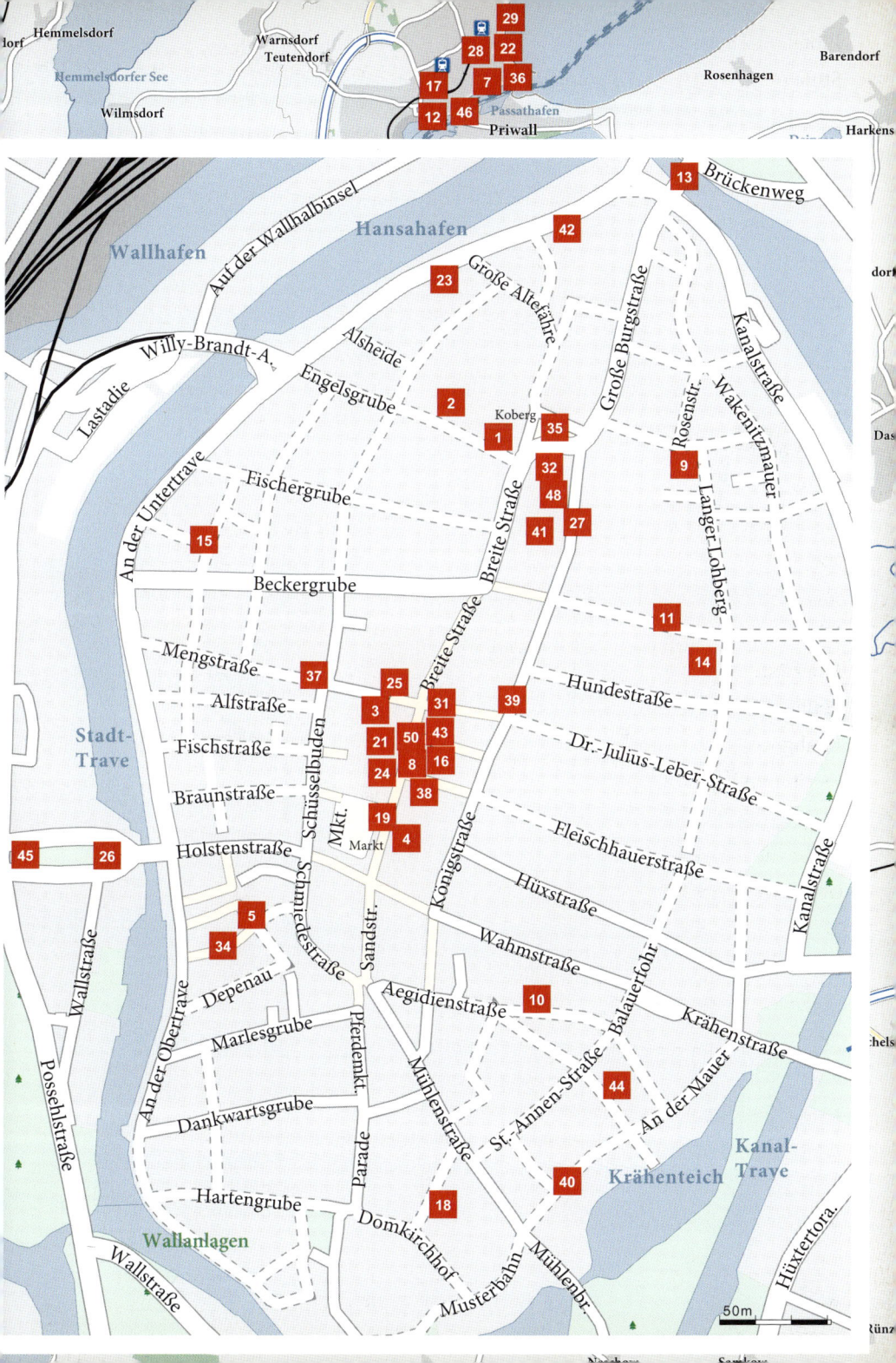

Hier gibt es sachkundige Informationen:

Marion Apsitis
Gästeführungen und Reiseleitungen in
Lübeck und Umgebung.
Telefon: 0451/202 18 635
0176/22381535
Email: info@luebecker-stadtfuehrer.de
Homepage:
www.luebecker-stadtfuehrer.de

Thomas Arndt
Lübeck erleben: Stadtführungen in der
Hansestadt Lübeck Geschichte(n) in
und um Lübeck, originell und
informativ vorgetragen, und
Nachtwächterführungen.
Dr.-Julius-Leber-Strasse 44
23552 Lübeck
Telefon: 0451/2037949
E-Mail: info@luebeck-erleben.de
Homepage: www.luebeck-erleben.de

Ilona Auschra-Hotoglu
1A Rundfahrten
1. Vorsitzende des Vereins Lübecker
Stadtführer e.V. Öffentliche
Stadtrundfahrten im Kleinbus durch die
engen, mittelalterlichen Straßen in
Lübeck mit Live-Moderation und
individuelle Stadtführungen zu
Wunschthemen, auch im historischen
Gewand.
Röntgenstr. 25
23562 Lübeck
Telefon: 0176/80273364
Homepage: www.1a-rundfahrten.de,
www.luebecker-stadtfuehrer.de

Dr. Ulrich Bayer
Stadtführungen in Lübeck.
Hafenstrasse 2
23568 Lübeck
Telefon: 0451/2969821
E-Mail: ulrich-bayer@freenet.de

Zsuzsa Bereznai
Zsuzsa Bereznai ist Sopranistin,
Diplom-Gesangspädagogin und Stimm-
und Sprechtrainerin. Sie wohnt neben
der Gertrudenherberge und gibt gern
Auskunft über deren Geschichte.
Homepage: www.zsuzsa-bereznai.de

Buddenbrookhaus
Heinrich-und-Thomas-Mann-Zentrum
Mengstraße 4
23552 Lübeck
Telefon: 0451/71224190
E-Mail: info@buddenbrookhaus.de
Homepage: www.buddenbrookhaus.de

**Europäisches Hansemuseum Lübeck
GmbH**
Führungen u.a. durch das Museum zur
Geschichte der Hanse, durch das
Burgkloster oder auch spezielle
Familienführungen.
An der Untertrave 1
23552 Lübeck
Telefon: 0451/80909913 (Anfragen),
0451/8090990
E-Mail: gruppen@hansemuseum.eu
(Anfragen), info@hansemuseum.eu
Homepage Museum:
www.hansemuseum.eu

Homepage Restaurant:
www.nord-restaurant.de
Öffnungszeiten des Museums:
Täglich (außer 24.12.) 10-18 Uhr

Wilfried Fick
Führungen über die städtischen
Friedhöfe Burgtor, Vorwerk, Waldhusen
Ehrenfriedhof.
Am Rittbrook 11
23566 Lübeck
Telefon: 0451/622535
E-Mail: w.fick@travedsl.de

Gästeservice Lübeck
Individuelle Stadtführungen durch die
geheimen Ecken des UNESCO-
Weltkulturerbes. Hansestadt Lübeck
Postfach 1130
23521 Lübeck
Telefon: 0451/596 220
E-Mail: info@gaesteservice-luebeck.de
Homepage: www.gaesteservice-luebeck.de

Café Niederegger
Niederegger Marzipan-Museum:
Führung und Modellieren nach
Absprache im Rahmen eines
Gruppenangebotes. Das Marzipan-
Museum kann während der
Öffnungszeiten jederzeit besucht
werden. Der Eintritt ist frei.
Breite Straße 89
23552 Lübeck
Telefon: 0451/5301126127
E-Mail: cafe@niederegger.de
Homepage:
www.niederegger.de/cafe-niederegger
Öffnungszeiten: Mo.-Fr. 9-19 Uhr, Sa.
9-18 Uhr, So. und feiertags 10-18 Uhr

Wolf-Rüdiger Ohlhoff
Individuelle Stadtführung auf den
Spuren des alten und des heutigen
Travemündes mit historischen
Fotografien. Außerdem spannende
Rundgänge auf der Viermastbark
PASSAT mit live gesungenen Shanties

und Seemannsgarn. Termine und
Kosten nach Absprache.
Schwedenstr.55
23570 HL-Travemünde
Telefon: 0450/26024
E-Mail: wrohlhoff@web.de

Christoph Rode - Lübecker Kultouren
Auf Schleichwegen die Altstadt
erkunden. Unterwegs erwarten Sie
kulinarische Kostproben.
Fischergrube 39
23552 Lübeck
Telefon: 0160/90415745
E-Mail: luebecker-kultouren@gmx.de
Homepage: www.luebecker-kultouren.de

*Axel Schattschneider- Der etwas
andere Stadtführer*
Durch Geschichten aus der Geschichte
entführt Schattschneider seine Gäste in
die Zeit der Blüte Lübecks. Tauchen Sie
ein in die Gerüche, Berufe sowie
Lebensweisen im mittelalterlichen
Lübeck und erfahren Sie, wo einige
Sprüche bzw. Redensarten ihren
Ursprung haben.
Baareneichkoppel 7
23617 Stockelsdorf
Telefon: 0451/4994255, 0151/20696071
E-Mail: axelschattschneider@gmail.com

Seebadmuseum
Heimatverein Travemünde e. V.
Torstraße 1
23570 Travemünde
Öffnungszeiten: März-Dezember,
Di.-So. 11-17 Uhr, Mo. geschlossen

*Verein für Lübeckische Geschichte und
Altertumskunde*
Der Verein für Lübeckische Geschichte
und Altertumskunde bietet mehrmals
im Jahr Vorträge und Exkursionen an.
Werden Sie Mitglied und erleben
Lübecks Geschichte hautnah!
Homepage: www.vlga.de

Publikationen:

Bartels, Karsten: „Von Tor zu Tor, von Turm zu Turm". In: Orte der Reformation, Heft Hamburg, Lübeck, Schleswig-Holstein. Leipzig 2015.

Dittmann, Britta; Wißkirchen, Hans (Hrsg.): Das Buddenbrookhaus, Lübeck 2008.

Europäisches Hansemuseum: Katalog. Lübeck 2016.

Fick, Wilfried: Lübecker Friedhöfe: Vorwerker Friedhof. Lübeck 2006.

Fick, Wilfried: Lübecker Friedhöfe: Burgtor-Friedhof. Lübeck 2007.

Fick, Wilfried: Lübecker Friedhöfe: Friedhof Waldhusen. Lübeck 2009.

Fick, Wilfried: Lübecker Friedhöfe: Ehrenfriedhof. Lübeck 2010.

Weinberger, Guido: Kastorfer Geschichte. URL: http://www.kastorfer-geschichte.de.

Weinberger, Guido: Bliestorfer Geschichte. URL: http://bliestorf.de/geschichte.

Weinberger, Guido: Mühlen im Kreis Herzogtum Lauenburg. URL: http://www.muehlen-lauenburg.de.

Besuchen Sie uns im Internet: **www.bast-medien.de**

Haftungsausschluss

Trotz intensiven Austauschs mit unseren Gesprächspartnern, gewissenhafter Literaturrecherche und aufmerksamem Korrekturlesen erheben wir weder einen Anspruch auf Vollständigkeit noch auf Fehlerlosigkeit. Wir haben streng darauf geachtet, keine Urheberrechte zu verletzen, unsere Recherchen sind nach bestem Wissen und Gewissen erfolgt. Dennoch übernehmen wir keinerlei Gewähr für die Aktualität, Korrektheit oder Vollständigkeit der bereitgestellten Informationen. Haftungsansprüche gegen uns schließen wir grundsätzlich aus.

DIE

Geheimnisse der Heimat

GIBT ES JETZT NEU IN ...

Augsburg	Magdeburg
Braunschweig	Minden
Frankfurt	München (Band 2)
Köln	Salzgitter
Lübeck	Wolfsburg

Seit 2011 haben wir rund 40 „Geheimnisse"-Titel produziert. Alle Städte finden Sie unter www.bast-medien.de

IM BUCHHANDEL ODER UNTER: WWW.BAST-MEDIEN.DE

DIE REIHE

Was die Stadt prägte

(EHEMALS „KALENDERBLÄTTER") GIBT ES IN ...

Bamberg	München
Konstanz	Würzburg

52 große und kleine Begegnungen mit der Stadtgeschichte, passend zu den Kalenderwochen

WEITERE GEHEIMNISSE, KALENDERBLÄTTER UND NEUE BUCHREIHEN SIND IN PRODUKTION

DIE

Geheimnisse

GIBT ES AUCH ÜBER ...

Erfindungen	Redewendungen

50 spannende Geschichten zu überregionalen Themen